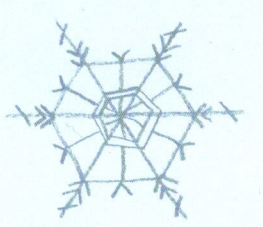

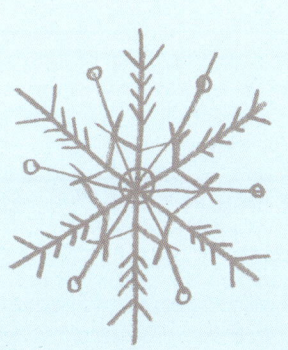

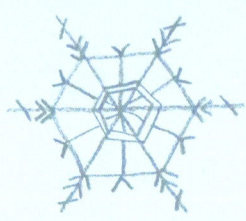

일러두기
유럽 지형과 날씨 정보에 대한 원서의 일부 내용을 우리 어린이들의 이해를 돕기 위해 삭제·수정했으며, 우리나라 실정에 맞는 부록을 수록했습니다.

Cosa sanno le nuvole?
copyright ⓒ Giangiacomo Feltrinelli Editore, 2010
First published as Cosa sanno le nuvole? in March 2010
by Giangiacomo Feltrinelli Editore, Milan, Italy
Illustrations copyright ⓒ Ilaria Faccioli, 2010
Korean translation copyright ⓒ BookInFish Publishing Co., 2025
This korean translation rights arranged with Giangiacomo Feltrinelli Editore
through The ChoiceMaker Korea Co.

이 책의 한국어판 저작권은 초이스메이커코리아를 통해
Giangiacomo Feltrinelli Editore와 독점 계약한 책속물고기에 있습니다.
저작권법에 의해 한국 내에서 보호를 받는 저작물이므로 무단 전재와 무단 복제를 금합니다.

기상학자는 내일 날씨를 어떻게 알 수 있을까?

과학을 알아야 날씨가 보이지

파올로 소토코로나 글 | 일라리아 파치올리 그림 | 김현주 옮김
서울과학교사모임 감수·추천

차례

날씨 여행의 시작

지구를 따뜻하게 해 주는 태양 … 7
구름과 안개는 어떻게 다른가요? … 11
기압은 공기가 누르는 힘 … 14

☀ **날씨가 보이는 과학 공책**
왜 산에서 내려오면 공기의 압력이 높아지는 거죠? … 19

바람이 부는 공항에서

날씨에 대해 알고 싶어요 … 22
공기가 움직이면 바람이 돼요 … 25
번개는 빛, 천둥은 소리 … 28

☀ **날씨가 보이는 과학 공책**
번개와 천둥은 어떻게 만들어지는 건가요? … 35

비행기를 타고 구름 속으로

구름이 만들어지는 과정 … 38
비는 어떻게 내리는 건가요? … 48
눈과 우박은 어떻게 다른가요? … 56

☀ **날씨가 보이는 과학 공책**
구름을 만드는 응결핵은 무엇인가요? … 65

비가 오는 도시에서

돌고 도는 물 … 68
이슬은 물, 서리는 얼음 … 80

☀ **날씨가 보이는 과학 공책**
지구에는 물이 얼마나 있나요? … 85

날씨 따라 남쪽으로

기압과 날씨의 관계 … 88
지구 온난화와 기후 변화 … 98
미래의 기상학자에게 … 108

☀ **날씨가 보이는 과학 공책**
극지방의 얼음이 녹으면 어떻게 될까요? … 115

부록 우리나라의 날씨와 기후를 알려 드립니다 … 116
찾아보기 … 122

날씨 여행의 시작

할아버지, 엄마랑 다프너가 집에 도착했을까요?

그런데요, 할아버지! 날씨는 어떻게 바뀌는 거예요?

있잖아요, 할아버지! 기상학이 뭐예요?

저기요, 할아버지! 태양 때문에 지구가 따뜻해지는 거 맞죠?

지구를 따뜻하게 해 주는 태양

　나는 파올로라고 해요. 기상학자이자 손녀 아르테미시아의 다정한 할아버지예요. 아르테미시아는 아프리카의 기니비사우에 살고 있는데, 이번 여름에 가족과 함께 이탈리아에 놀러 왔어요. 가족은 먼저 돌아가고, 아르테미시아는 나와 더 머물기로 했지요.
　우리는 로마 근처 산으로 놀러 갔어요. 산에서 함께 보낸 시간은 즐거웠지요. 하지만 이제 아르테미시아도 집으로 돌아가야 해요.
"아르테미시아, 준비됐니?"
"네, 할아버지."
　짐을 싣고 산을 내려가기 시작했어요. 산길은 구불구불했지만 햇살이 좋아서 기분 좋게 운전했어요. 아르테미시아는 지루했는지 질문을 쏟아 냈지요.

태양은 공기를 직접 데우지 않아요.
태양이 땅을 데우고,
데워진 땅이 공기를 데워요!

"할아버지, 태양 때문에 지구가 따뜻해지는 거 맞죠?"

"그렇지."

"그런데 왜 태양과 가까운 산꼭대기가 산 아래보다 추운 거죠?"

"태양은 공기를 직접 데우지 않아. 태양 광선이 대기를 통과할 때 공기는 잘 데워지지 않고, 지표면인 땅이 더 빨리 데워지지."

"할아버지, 잠깐만요! 왜 공기는 잘 데워지지 않나요?"

"공기는 밀도가 아주 낮고, 땅은 밀도가 높기 때문이란다. 밀도는 같은 면적에 무언가 빽빽이 들어 있는 정도를 말해. 그래서 태양 광선은 밀도가 낮은 공기는 쉽게 통과하지만, 밀도가 높은 땅은 통과하기 힘들지. 이때 태양 광선이 물질을 통과하려는 '노력'이 '열'로 바뀐 거라고 생각하면 좋겠구나."

"그렇군요!"

"그렇게 땅이 데워지면 그 열이 지표면 가까이에 있는 공기부터 데우기 때문에 지표면에서 멀어질수록 추워지고, 산꼭대기가 추운 거지. 물론 산꼭대기도 땅이지만 뾰족한 모양이잖니? 그래서 햇빛이 닿는 표면이 좁아서 평지보다 덜 데워진단다."

"그렇군요. 공책에 적어야겠어요. 기억할 게 많네요."

"그래, 좋은 생각이구나. 몇 년 후에 네가 적어 놓은 걸 읽으면 지금처럼 어렵게 느껴지지 않을 거야."

구름 과 안개 는 어떻게 다른가요?

우리는 산길을 내려가다가 갑자기 멈췄어요.
"이런! 할아버지, 아무것도 안 보여요! 안개 맞죠?"
"그럴 수도 있고, 그렇지 않을 수도 있지."
"에이, 그게 뭐예요!"
"사실, 이건 구름이란다. 낮게 뜬 구름인데, 지금은 안개라고 불러도 돼."
"비행기가 구름 속을 지날 때가 생각났어요. 지금처럼 창밖에 아무것도 안 보였죠."

구름과 안개는 아주 작은
물방울로 이루어져 있어요.
하늘 높은 곳에 만들어진 것은 구름,
땅 가까이 낮은 곳에 만들어진 것은
안개예요.

"그래. 다행히 지금은 앞이 조금이라도 보이니 천천히 운전해야 겠구나. 구름과 안개는 똑같은 원리로 만들어져. '아주 작은 물방울'들이 모여 생긴 건데, 이 물방울들은 아래로 떨어지지 않지. 샤워기에서 나오는 물이나 빗물처럼 크고 무겁지 않거든. 다만 구름과 안개의 다른 점은 만들어진 위치란다. 하늘 높은 곳에 만들어진 것은 구름, 땅 가까이 낮은 곳에 만들어진 것은 안개지. 흥미로운 건 보는 사람의 위치에 따라서 다르게 부를 수 있단다. 지금 우리처럼 높은 곳에 있을 때는 안개라고 부르고, 산 아래로 내려가 올려다보면 구름이라고 부르지."

나는 잠시 말을 멈추고 운전에 집중했어요. 바로 코앞만 보이고, 아무것도 보이지 않았거든요. 마치 우유를 가득 채운 수영장 속에서 운전하는 것 같았지요. 얼마쯤 시간이 흐른 뒤 주위가 조금씩 밝아지기 시작했어요.

"굉장해요, 할아버지! 안개에서 빠져나왔네요. 산 위에 있을 때는 햇빛이 비쳤는데 지금은 온통 회색이에요. 구름 때문일까요? 지금 머리 위에 있는 구름이 우리가 지나온 안개인가요?"

"그렇단다. 자동차 앞 유리가 젖은 게 보이지? 구름의 물방울들은 아주 작지만 그 작은 물방울들이 모이면 자동차도 적실 수 있단다. 구름이 어떻게 만들어지는지는 비행기에서 차근차근 알려 주마."

기압 은 공기가 누르는 힘

한참 가고 있는데, 아르테미시아가 소리를 질렀어요.

"할아버지, 귀가 막힌 것 같아요!"

"그게 정상이란다. 산에서 내려올 때 자주 그래. 손가락으로 코를 잡고 숨을 쉬면 나아질 거야."

"잠수할 때처럼요?"

"바로 그거야! 네가 케레에서 잠수했을 때도 그랬잖니."

케레는 기니비사우에 있는 작은 섬이에요. 아르테미시아의 아빠가 낚시와 관광을 할 수 있도록 조그만 리조트를 만들어 놓아서, 아르테미시아는 겨울방학마다 케레로 놀러 가더군요.

"이제 귀가 뚫렸어요! 그런데 왜 이러죠? 물속도 아닌데요."

"귓속의 압력과 공기의 압력을 같게 해 줘서 귀가 뚫린 거지."

"공기의 압력이요?"

"그래, '기압'이라고 부른단다. 공기도 무게가 있어. 물론 물보다는 훨씬 가볍지만 말이야. 네가 물속에 들어갔을 때를 생각해 보렴. 만약 2미터 깊이까지 잠수했다면, 네 위에 있는 2미터만큼의 물이 네 귀를 누르게 되지. 혹시 고막이 뭔지 아니?"

"조금 알기는 아는데…… 귓속에 있는 막 아니에요?"

"맞아. 고막은 공기의 진동을 귀 안쪽으로 전달해서 소리를 들을 수 있게 해 준단다. 고막은 뼈처럼 단단하지 않고 고무처럼 잘 구부러져서, 물이 압력을 가하면 고막의 형태가 변해. 고막이 귀 안쪽으로 부풀면 불편하게 느껴지고, 물에 깊이 들어갈수록 귀가 더 많이 아파져. 이때 손가락으로 코를 잡고 숨을 쉬면, 고막을 바깥쪽으로 밀어 원래의 자리로 돌아가게 돼. 물이 가하는 압력과 귓속의 압력을 똑같이 해 주는 거지."

"그렇군요. 그런데 산이랑 공기는 어떻게 관련이 있는 거죠?"

"공기도 무게가 있다고 했잖니? 산에 있다가 내려오면 공기의 무게가 더해지면서 귀를 더 누르게 돼. 그러니까 우리가 1,500미터

높이의 산꼭대기에서 평지로 내려올 때, 그만큼의 공기 무게가 귀에 더해지는 거지. 이를테면 1,500미터 깊이의 공기 속으로 '다이빙'을 한 셈이란다."

"조금 어렵지만 이해됐어요. 기압 이야기를 들으니 일기 예보에서 고기압과 저기압이라는 말을 들은 것 같아요."

"공기의 압력이 낮으면 저기압, 높으면 고기압이라고 해. 이를테면 주변보다 공기의 양이 많으면 공기가 누르는 힘이 세져서 고기압이 되고, 반대로 주변보다 공기의 양이 적으면 공기가 누르는 힘도 약해져서 저기압이 된단다."

"그 기압들이 날씨를 바꾸죠? 할아버지가 일기 예보에서 '저기압이 오고 있어서 비가 올 예정'이라고 말씀하셨던 것 같아요."

"복잡할 수 있지만, '고기압은 화창한 날씨, 저기압은 궂은 날씨'라고 기억하면 좋아. 왜 그런지 나중에 더 이야기해 줄게."

"알겠어요, 할아버지."

아르테미시아는 처음 알게 된 사실들이 재미있었는지 콧노래를 흥얼거리며 등받이에 몸을 기댔어요.

이제 우리는 산에서 내려와 평지에 다다랐어요. 그런데 아르테미시아가 아무 말 없이 창밖만 바라보는 거예요. 원래 이렇게 조용한 아이가 아니라서 걱정이 됐어요.

"괜찮니?"

기압에 따라 공기가
움직이고 날씨가 변해요.
기압이 높으면 날씨가 화창하고
기압이 낮으면 날씨가 궂어요.

"네, 할아버지. 괜찮아요."

"어디 아픈 거 아니지? 멀미 나는 거 아니고?"

"아니에요, 정말 괜찮아요."

"그런데 왜 그래? 집에 가는 게 기쁘지 않아?"

"물론 기뻐요. 아빠, 엄마, 동생 다프너가 보고 싶어요. 하지만 할아버지랑 있는 게 좋아서 아쉬워요. 언제 또 뵐지 모르잖아요."

나는 깜짝 놀랐어요. 항상 어리게만 보였던 아이가 어느새 훌쩍 큰 것 같았거든요.

"너무 걱정하지 마. 금방 또 만날 거야."

"할아버지, 솔직히 말씀해 주세요. 제가 질문을 너무 많이 해서 지겨우셨죠?"

"지겹다니! 나는 네가 물어보는 게 참 좋단다. 네가 이해할 수 있게 설명하려고 지식을 정리하는 일이 즐겁거든. 무엇보다 호기심은 새로운 무언가를 배우는 데 가장 중요한 덕목이지. 궁금한 게 생기면 언제든 물어보렴. 어이쿠, 벌써 공항에 다 왔구나."

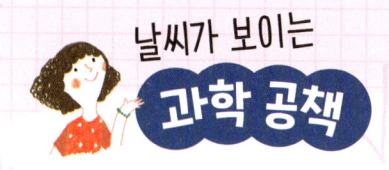

왜 산에서 내려오면 공기의 압력이 높아지는 거죠?

산 아래 Ⓐ 지역의 공기는 Ⓒ 만큼의 공기가 더해져 산꼭대기 Ⓑ 지역보다 공기의 양이 많아요. 공기의 양이 많을수록 누르는 힘이 세지니까 공기의 압력은 높아지지요.

예를 들어 평지에서 공기를 반만 채운 고무공을 가지고 산을 오르면, 공이 부풀어요. 고무공을 누르는 공기의 힘이 약해져서 그렇지요. 부푼 공을 가지고 산을 내려오면, 고무공은 다시 쪼그라들어요. 고무공을 누르는 공기의 힘이 세져서 그렇지요.

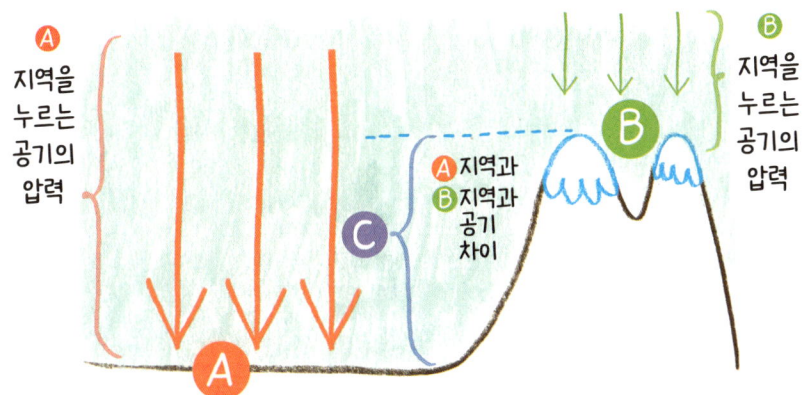

바람이 부는 공항에서

날씨에 대해 알고 싶어요

아르테미시아와 나는 공항 밖에서 짐을 정리했어요. 바람이 강하게 불었지만 다행히 춥지는 않았지요. 아르테미시아의 갈색 곱슬머리가 바람에 나부꼈어요. 아르테미시아는 짐 가방이 날아갈세라 가방 손잡이를 꽉 잡았지요.

"할아버지, 바람이 너무 세요. 공기가 가볍다고 하셨는데, 이렇게 강할 줄 몰랐어요. 바람이 사람을 넘어뜨릴 수도 있나요?"

"그럼! 바람은 매우 강해질 수 있단다."

"하지만 바람이 나쁜 건 아니죠?"

"바람은 나쁜 게 아니란다. 자연에는 나쁜 것이 하나도 없지. 가끔 위험할 수는 있지만, 자연을 해치지 않고 조화롭게 살아간다면 안전하게 느껴질 거야. 자, 이제 공항으로 들어가서 바람에 대해

이야기하자."

"네, 좋아요. 여기 있으면 다 날아갈 것 같아요."

우리는 바람을 피해 공항 안으로 들어갔어요. 포르투갈 리스본으로 가는 비행기 표를 끊고 대기실에 자리를 잡았지요. 나는 커피를, 아르테미시아는 과일 주스를 마시며 비행기 출발 시간을 기다렸어요.

"오늘 날씨가 흐리네요. 그런데 할아버지, 날씨가 뭐예요? 바람도 날씨인가요?"

"그렇지. 바람, 비, 눈, 춥거나 더운 것도 모두 날씨란다. 날씨는 그날그날 나타나는 구름, 바람, 비, 기온 등의 상태를 말하는 거야."

"할아버지는 날씨를 연구하고 사람들에게 알려 주시잖아요. 그게 뭐더라. 기승학자? 기성학자?"

"기상학자란다. '기상학'이라는 말이 어렵게 느껴질 수 있지. 아침에 군인들을 깨울 때 '기상!'이라고 외치지 않니? 여기서의 '기상'은 잠자리에서 일어난다는 뜻이라 날씨와 관련된 '기상'과 다르지만, 아침에 일어나면 오늘 날씨가 궁금하지 않니? 이렇게 관련지어 생각하면 기억하기 쉬울 거야."

"와, 정말 쉽네요! 아침 기상, 날씨 기상! 정말 재미있어요."

"그렇게 말해 주니 고맙구나."

날씨는 그날그날 나타나는
구름, 바람, 비, 기온 따위의
상태를 말해요.

공기가 움직이면 바람이 돼요

"아까 기압에 따라 날씨가 변한다고 했잖니? 기압 때문에 바람도 생긴단다."

"생긴다고요? 아이가 생기는 것처럼 말인가요?"

"오, 그래! 기압을 부모라고 생각하면, 기압에서 생긴 아이가 바로 바람이야. 좀 더 정확하게 설명하자면, 두 지역의 기압 차이로 공기가 움직이면서 바람이 불거든."

"지금 밖에 바람이 많이 불잖아요! 그렇다면 공기가 많이 움직여서인 거네요!"

"자, 바람에 대해 알아볼까? 고기압과 저기압에 대해 이야기했던 거 기억나니?"

"공기가 많아지고 무거워져서 공기의 압력이 높아지는 것이 고기압, 공기가 적어지고 가벼워져서 공기의 압력이 낮아지는 것은 저기압! 제 공책에 이렇게 적혀 있네요. 맞나요?"

"그래, 맞아."

"그런데 높고 낮다고 하니까 케레에서 본 바다가 생각나요. 파도가 치면 물결에 높은 부분과 낮은 부분이 있었어요. 혹시 대기 중에도 '공기 파도'가 있나요?"

"네가 정확하게 짚었구나! 공기가 위아래로 움직이거든. 그럼 이번에는 이렇게 생각해 보겠니? 그럼 파도의 높은 부분이 고기압, 낮은 부분이 저기압이라고 말이야."

"머릿속에 물처럼 움직이는 공기를 상상해 보면……. 고기압의 공기는 내려오고, 저기압의 공기는 올라가나요?"

"바로 그거야! 과학의 원리는 우리 주변에서 일어나는 현상과 연결돼 있단다. 물이 위에서 아래로 흐르듯, 공기도 압력이 높은 곳에서 낮은 곳으로 흐르지. 그러니까 바람은 공기가 많아서 기압이 높은 곳에서 공기가 적어서 기압이 낮은 곳으로 부는 거란다."

"공기는 정말 강하네요. 움직이는 바람을 만드니까요."

"아주 강하지. 공기는 가볍지만, 무게가 있어. 만약에 공기의 무게를 잴 수 있다면 이 공항에 있는 공기만 해도 수백만 톤은 될 거야."

"정말요? 1톤만 해도 엄청난 무게잖아요!"

"그렇지. 1,000킬로그램이니까."

"공항 안은 바람이 부드러워서 다행이에요."

"바람이 '약하다'가 정확하지만, '부드럽다'는 표현이 멋지구나. 자신의 느낌과 생각을 잘 전달하려면, 표현은 다양할수록 좋지."

바람은
공기가 많아서
기압이 높은 곳에서
공기가 적어서
기압이 낮은 곳으로 불어요.

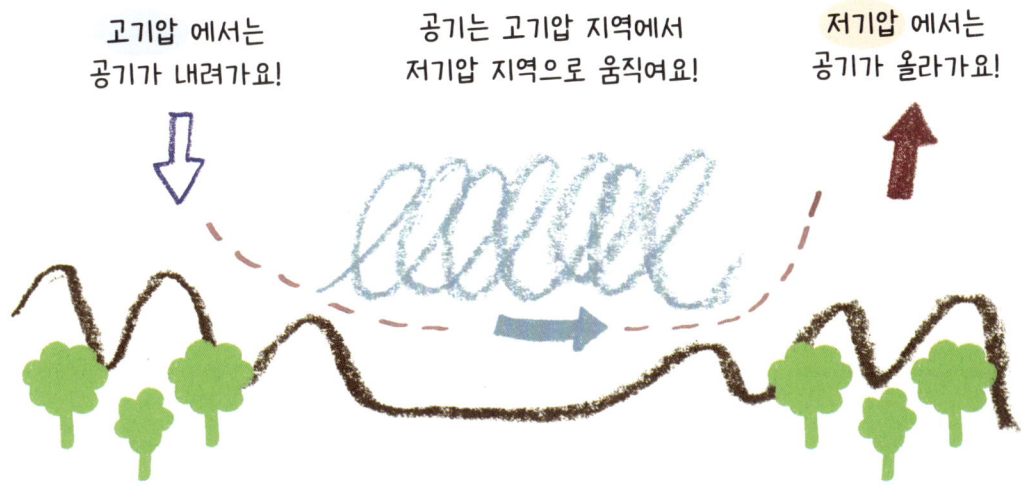

번개 는 빛, 천둥 은 소리

우리는 바람에 대해 이야기를 나누며 보안 검색대로 갔어요. 한낮인데도 하늘이 잔뜩 흐려서 곧 비가 올 것 같았지요. 갑자기 '우르르 쾅쾅' 천둥이 울렸어요. 소리가 커서 공항 유리창이 흔들렸고, 사람들은 깜짝 놀랐지요.

아르테미시아도 놀란 것 같았는데, 금세 아무렇지 않게 창밖 하늘을 물끄러미 바라봤어요. 자연 현상이 무섭기도 하지만, 궁금하기도 한 모양이에요.

"할아버지, 방금 천둥이 친 거죠?"

"어떤 걸 말하는 거니, 불빛이냐 소리냐?"

"둘 다요! 불빛도 보였고 소리도 들렸어요."

"번개라는 빛과 천둥이라는 소리가 함께 발생하는 것을 합쳐서 '천둥 번개(뇌전)'라고 한단다."

"동시에 만들어졌다고요? 하지만 아까는 번개가 먼저 보이고, 천둥소리가 나중에 들렸어요."

"그건 천둥 번개가 여기서 1킬로미터 정도 떨어진 곳에서 발생

했기 때문이지. 번개가 먼저 보이는 건 빛이 소리보다 빠르기 때문이란다."

"그렇다면 천둥 번개가 우리랑 1킬로미터 정도 떨어진 곳에서 발생한 건 어떻게 아세요?"

"아주 간단한 과학이란다. 빛은 1초에 30만 킬로미터를 이동하지. 그렇게 빛은 매우 빠르니까, 아까 번개는 발생하고 거의 바로 보였다고 할 수 있지. 그래서 번개를 본 뒤 천둥소리가 들리기까지의 시간을 세어 봤단다. 소리는 1초에 약 300미터를 이동하지. 3초

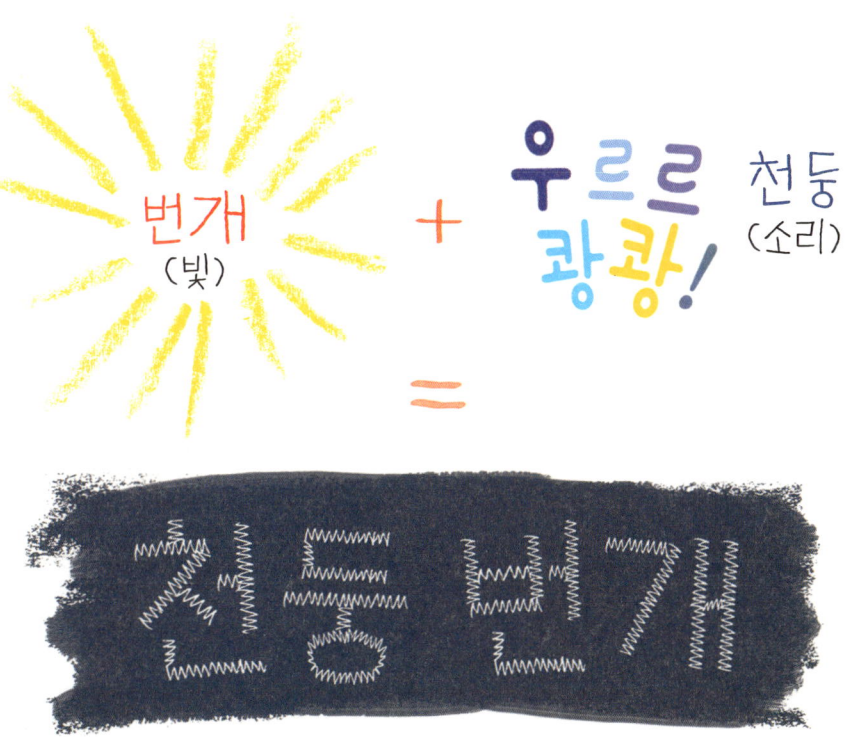

번갯불이 먼저 보이고
천둥소리가 나중에 들리는 이유는
빛과 소리의 속력이 다르기
때문이에요.
빛은 1초에 30만 킬로미터를
이동하고, 소리는 1초에
약 300미터를 이동해요.

마다 1킬로미터 정도 떨어져 있다고 생각하면 돼."

"정말 신기해요!"

그사이 또 번개가 번쩍이고 천둥이 울렸지만, 아르테미시아는 빛과 소리의 시간 차이를 세느라 놀라지 않았어요. 몇 분 동안 아르테미시아는 시간을 재는 데만 집중했지요.

"할아버지, 번개와 천둥의 시간 간격이 점점 벌어지고 있어요. 천둥 번개가 우리에게서 멀어지고 있는 거죠?"

"그래, 아까보다 멀어졌을 거야. 이제 천둥 번개는 사라졌을지도 몰라."

"그렇다면 처음에는 우리 근처에 있었던 건가요?"

"그래. 번개와 천둥이 거의 동시에 발생하면 우리 가까이 있다는 뜻이란다."

"할아버지, 번개는 위험한 거죠?"

"번개는 아주 세고 위험하지. 번개를 설명하려면 먼저 정전기를 알아야겠구나. 스웨터를 벗을 때 따끔거리는 느낌을 받은 적이 있을 거야. 그건 옷 입을 때의 움직임과 스웨터 표면의 '마찰' 때문에 생긴 아주 작은 불꽃, 바로 정전기 때문이란다. 번개도 정전기와 비슷한 원리로 만들어지지."

"그럼 정전기를 작은 번개라고 할 수 있겠네요?"

"그렇지. 구름 속에서 작은 물방울들과 작은 얼음 알갱이들이 서

로를 꾸준히, 아주 많이 '문질러서' 전기를 모으고, 그 전기들이 엄청나게 늘어나고 한데 합쳐져서 번개가 된 거라고 볼 수 있지. 무엇이든 모이고 모이면 큰 힘이 되는 법이란다."

드디어 우리 차례가 되었어요. 보안 검색대를 지나 쇼핑몰을 잠시 둘러보다가 그냥 의자에 앉기도 했어요.

"할아버지, 우리가 비행 중에 태풍을 만날까요?"

벼락이 칠 때 지켜야 할 안전 규칙

- 되도록 콘크리트 건물 안에 들어가 있어야 해요.
- 콘센트에 꽂혀 있는 플러그를 모두 뽑고, 문이나 창문, 난방 기기, 금속 파이프, 개수대, 전선 등에서 멀리 떨어져 있어요.
- 밖에서 휴대전화를 사용하지 말아요.
- 낚싯대와 같은 금속 물체나 끝부분이 뾰족한 우산을 들고 있으면 안 돼요. 벼락을 끌어들일 수 있어요.
- 야외에서는 자동차 안이 가장 안전해요. 벼락이 자동차에 떨어지면 전류가 차 표면을 따라 땅으로 흐르거든요. 하지만 차 안에 있을 때 차체를 만지지 말고, 금속 부분은 건드리면 안 돼요.
- 주변에 건물이나 대피소가 없는 경우 도랑이나 동굴, 혹은 주변 지역보다 낮은 곳이 안전해요. 홀로 우뚝 솟은 나무는 벼락이 떨어지기 쉬우므로 위험해요. 나무에서 멀리 떨어져 있는 것이 좋아요.
- 머리카락이나 팔의 털이 곤두서는 것을 느끼면 벼락이 떨어질 위험에 처한 거예요. 즉시 바닥에 눕거나, 쪼그려 앉아 무릎을 끌어안고 양팔 사이에 머리를 집어넣어요. 그러면 전류가 심장을 통하지 않고 땅으로 흐르기 때문에 심장 마비를 피할 수 있어요.

"비행기는 태풍을 피해 갈 수 있으니 너무 걱정할 필요는 없단다. 물론 태풍을 만나는 건 피곤한 일이지만, 신중하게 대비하면 괜찮을 거야."

"할아버지가 괜찮다고 하시면 저도 안심할 수 있어요."

"그렇게 말해 주니 기쁘구나. 번개가 위험하다고 해서 무서워할 필요는 없단다. 주의해야 할 점들을 지키면서 조심하면 되지."

"예를 들면 어떤 점을 조심해야 하나요?"

"천둥 번개가 칠 때 나무 아래에 있으면 안 돼. 나무는 벼락을 맞기 쉽거든. 구름과 땅 사이에 전류가 흐르는 현상을 벼락이라고 한단다."

"그 외에도 조심해야 할 점들이 더 있나요?"

"그럼, 많지. 내가 네 공책에 '벼락이 칠 때 지켜야 할 안전 규칙'을 정리해 줄게."

나는 사랑하는 손녀의 공책에 안전 규칙을 적었어요.

"할아버지, 안내 방송에서 우리 비행기를 부르네요!"

"그렇구나, 이제 비행기 타러 가자꾸나!"

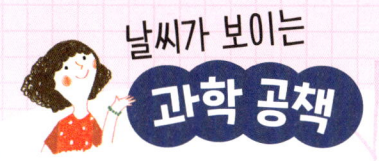

번개와 천둥은 어떻게 만들어지는 건가요?

구름 속에서 물방울과 얼음 알갱이가 마찰하면서 정전기가 일어나요. 그러면서 구름 윗부분에는 양전하가, 구름 아랫부분에는 음전하가 모여요. 두 전하가 서로 부딪치면서 전류가 흐르고 빛을 내는데, 이것이 '번개'예요. 구름의 음전하가 땅의 양전하로 끌어당겨지면서 번개가 땅을 향하기도 하는데, 이것은 '벼락'이지요. 번개가 칠 때 공기가 매우 높은 온도로 가열되면서 공기의 부피가 폭발하듯 커져 큰 소리가 나는데, 이것이 '천둥'이에요.

비행기를 타고 구름 속으로

구름이 만들어지는 과정

우리는 비행기에 타서 자리에 앉았어요. 창밖의 하늘은 어두웠지만, 비도 오지 않고 번개도 보이지 않고 천둥소리도 들리지 않았어요.

"할아버지, 하늘이 정말 캄캄해요. 왜 구름은 어떤 때는 하얗고 어떤 때는 시커먼 거죠?"

"그건 구름이 얼마나 두껍고 얼마나 짙은지에 따라 다르기 때문이란다. 얇은 구름은 햇빛이 쉽게 통과해 밝게 보이고, 두꺼운 구름은 햇빛이 통과하지 못해 어두워 보이지."

"창문에 걸린 커튼이 얇으면 방이 밝고, 두꺼우면 어두워지는 것과 같네요?"

"그렇지!"

그사이 비행기가 천천히 하늘로 올라가기 시작했어요. 얼마 지나지 않아 비행기는 구름 속으로 들어갔고, 창밖으로 아무것도 보이지 않았어요.

"할아버지, 이제 구름 속에 들어왔어요."

"구름 속에 들어오면 짙은 안개 속에 들어온 것처럼 보이지."

"이 회색 구름이 다 물방울로 이루어진 거죠?"

"구름이 수증기로 이루어졌다고 생각하는 사람이 많지만, 구름은 액체 상태의 물방울이 모인 거란다."

"수증기가 뭔지 들어봤는데, 정확히는 잘 모르겠어요. 수증기도 물 아닌가요?"

"그렇다고 볼 수 있지. 물은 온도에 따라 세 가지 상태로 변한단다. 얼음은 고체 상태, 물은 액체 상태, 그리고 수증기는 물이 기체 상태로 변한 거야."

"이걸 다 적으면 책이 되겠어요!"

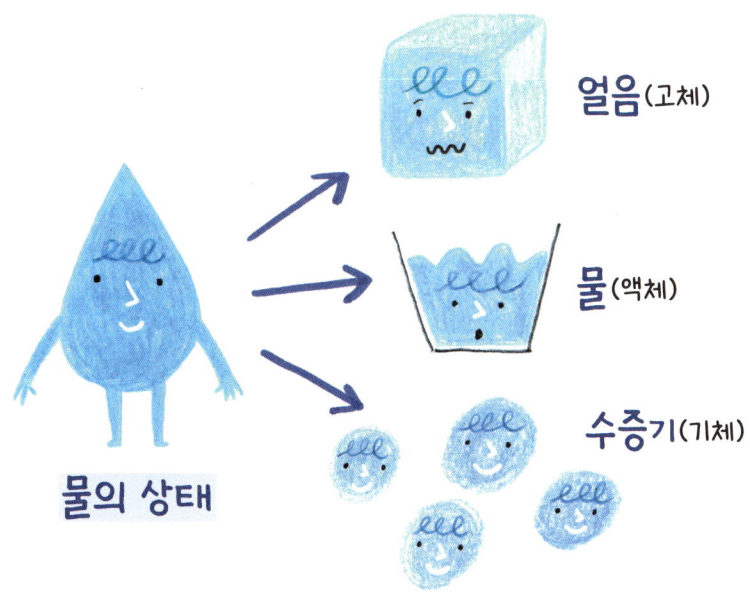

"네가 어린이를 위한 날씨 과학책을 쓰는 것도 좋을 것 같구나!"

"정말요? 하지만 지금은 할아버지 이야기를 따라가는 것만으로도 벅차요."

"차근차근하면 되지. 그럼 다시 구름 이야기를 계속해 볼까? 혹시 수증기의 예를 들어 볼 수 있겠니?"

"음, 아침에 추울 때 숨을 내쉬면 입김이 나오잖아요. 그게 수증기 아닌가요?"

"사실 입김은 수증기가 아니라 안개나 구름처럼 아주 작은 물방울로 이루어진 거란다. 그리고 금방 사라지지."

"어디로 사라져요?"

"수증기로 변하는 거야."

입김은 수증기가 아니에요.
호흡하면서 내뿜은 수증기가
차가운 공기를 만나 응결된
작은 물방울이지요.

"수증기가 눈에 안 보이는 거라고요? 그러면 수증기를 어떻게 알아볼 수 있죠?"

"수증기는 항상 공기 속에 있단다. 공기 중 수증기가 많을 때는 '습하다'고 하고, 적을 때는 '건조하다'고 하지."

"습하고 건조하다는 말은 흔히 쓰잖아요."

"맞아. 여기서 잠깐 정리해 보자꾸나. 물이 한 상태에서 다른 상태로 변할 때도 있단다. 얼음이 녹아 물이 되고, 물이 증발해 수증기가 되는 것처럼 말이야."

"물론이에요. 얼음이 녹으면 물이 되고, 물이 얼면 다시 얼음이 되죠."

"맞아. 얼음이 녹는 것을 '융해', 물이 얼음이 되는 것을 '응고', 물이 수증기로 변하는 것을 '증발(기화)', 수증기가 다시 물로 변하는 것을 '응결(액화)'이라고 한단다."

"그러니까 고체 상태에서 액체 상태가 되는 것은 융해, 액체 상태에서 고체 상태가 되는 것은 응고, 액체 상태에서 기체 상태가 되는 것은 증발, 기체 상태에서 액체 상태가 되는 것은 응결이죠?"

"대단하구나! 잘 이해했어. 자, 그럼 머릿속에 그려 볼까? 기체인 수증기는 아주 가벼워서 하늘 높이 올라간단다. 하늘로 올라갈수록 기온이 떨어지면서, 수증기는 냉각이 되지. 그래서……."

"수증기가 '응결'이 되는군요!"

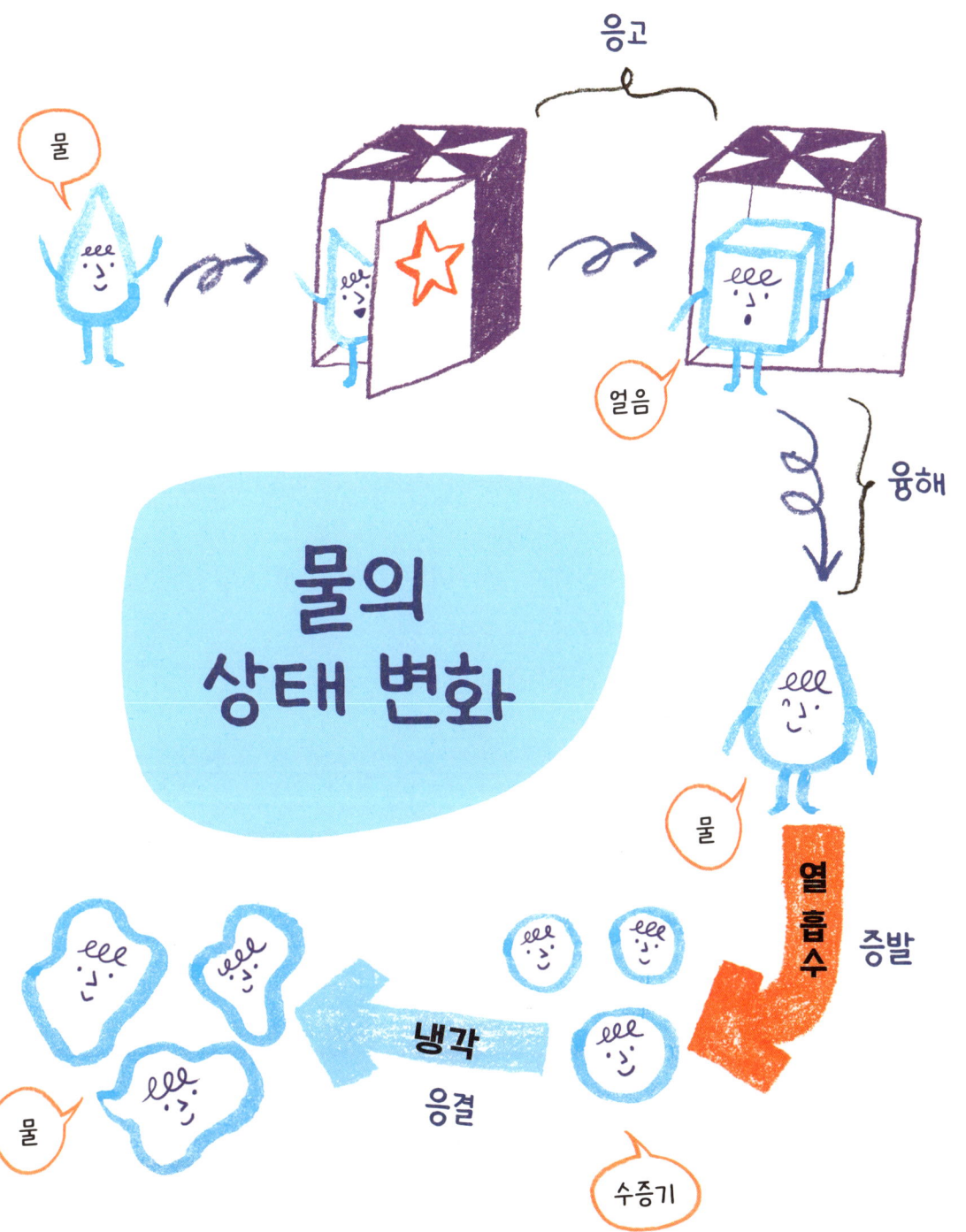

"그렇지. 수증기가 응결되면서 작은 물방울이 되고, 그 물방울들이 모여서 이루어진 것이 구름이란다!"

"우아, 구름이 어떻게 만들어지는지 잘 알겠어요!"

"이제 구름을 보면 다르게 보이겠구나. 수증기가 아니라 물이라는 것을 알았으니 말이다. 네가 만약에 점점 커지는 구름을 보게 된다면, 그것은 액체 상태의 아주 작은 물방울로 응결되고 있는 수증기가 있다는 뜻이야. 반대로 점점 작아지거나 사라져 가는 구름을 보게 된다면, 물방울들이 증발, 즉 수증기 상태가 되고 있다는 거지."

"그렇군요. 그런데요, 할아버지. 아까 말했던 입김은 어떻게 만들어지는 거죠?"

"호흡할 때 내뿜는 수증기가 차가운 공기가

수증기가 응결되면서
작은 물방울이 되고, 그 물방울이
모여서 이루어진 것이 구름이에요.

있는 곳으로 나오면 응결된단다. 그렇게 응결된 작은 물방울이 입김인 거지."

"말하자면 입김은 작은 구름 같은 건가요?"

"그래! 어느 면에서 보나 구름과 똑같지! 입김은 구름과 똑같은 과정을 거쳐 사람이 만드는 '잠깐 구름'이지. 금방 사라지니까 말이야."

"입에서 구름이 만들어진다고 생각하니까 신기해요. 그런데 제가 보기에는 구름이 다 똑같지 않은 것 같아요. 큰 구름, 작은 구름, 밝은 구름, 어두운 구름……. 그런데 만들어지는 방법은 다 똑같나요?"

"모든 구름이 수증기의 응결로 만들어지는 거라고 생각한다면 맞다, 잘 이해한 거야. 그런데 신비로운 응결 현상은 다양한 환경에서 일어날 수 있다는 것도 염두에 두렴."

"그럴 줄 알았어요. 구름의 모양은 정말 다양하잖아요."

"구름의 모양은 다양한 '상황'에 따라 달라지지."

"다양한 상황이라고요?"

"잘 들어 보렴. 공기가 온화할 때나 특별한 움직임 없이 천천히 상승할 때 응결 현상이 일어나면 '층운(안개구름)'이라는 형태의 구름이 만들어진단다. 구름이 지표면과 나란하게 층을 이뤄 매그럽게 펼쳐져 있어서 그렇게 부르지. 반면 공기가 빠른 속도로 상승하

면 '적운(뭉게구름)'이 만들어지는데, 큼직한 돌이나 바위가 한가득 쌓여 있는 모습과 비슷하단다. 그러니까 층운형 구름이 떠 있는 곳은 대기가 안정해 바람이 불지 않고, 적운형 구름이 떠 있는 곳은 대기가 불안정하다는 걸 알 수 있지."

 아르테미시아에게 구름에 대해 설명하는 동안 비행기는 구름에 구멍을 내며 빠져나왔어요. 이제는 구름을 위에서 내려다보게 되었네요. 구름은 회색으로 얼룩덜룩하기는 했지만, 하얗고 밝게 빛나 보였어요.

비는 어떻게 내리는 건가요?

"할아버지! 아침에 구름을 이루는 물방울들은 작아서 떨어지지 않는다고 하셨잖아요. 그럼 비는 어떻게 만들어지는 거예요?"

"비가 어떻게 만들어지는지 궁금하구나?"

"네, 비는 너무 익숙해서 당연한 줄만 알았어요. 그런데 구름이 어떻게 만들어지는지 알고 나니 궁금해졌어요."

"당연한 일이지. 배움은 멋진 일이란다. 배우고 싶은 마음이 사라지면 쓸쓸해질 거야."

"할아버지, 이제 비 이야기를 해 주세요!"

"비에 대한 설명은 리스본에 도착할 무렵 구름을 다시 지나갈 때 해 주는 게 좋을 것 같구나."

"리스본에 구름이 있을지는 어떻게 아세요?"

"날씨를 예상해 봤단다. 그럼 이따가 구름을 보면서 비에 대해 이야기하자꾸나. 직접 보면 더 잘 이해될 거야."

비행기는 서쪽 석양을 향해 날아갔어요. 아르테미시아는 책을 펼쳐 들었고, 나는 졸음이 밀려와 꾸벅꾸벅 졸았지요. 시간이 흘러

우리는 드디어 구름 속으로 들어갔어요.

"어디를 봐야 하죠, 할아버지?"

"구름 속 공기는 항상 흔들려서, 구름을 이루고 있는 물방울들이 이리저리 돌아다닌단다. 그러다가 물방울끼리 서로 충돌하면 합쳐져서 조금 더 큰 물방울이 되지."

"그럼 그때 아래로 떨어지는 거예요?"

"꼭 그런 건 아니야. 구름 속 공기의 흔들림이 약해져야 물방울이 떨어지기 시작해. 그렇지 않으면 물방울은 구름 속을 떠돌아다니며 더 커지게 돼."

"그러면서 다른 물방울들과 부딪치면서 계속 커지는 거죠?"

"맞아. 크기가 커질수록 다른 물방울들과 충돌하기가 더 쉬워지고, 점점 더 큰 물방울이 되는 거야."

"그럼 결국에는 떨어지겠네요?"

"그래, 구름 속의 공기가 붙잡고 있을 수 없을 만큼 물방울이 커지고 무거워지면 떨어지게 되는 거란다."

"이해됐어요."

"창문에 흐르는 물방울들이 보이지? 비행기가 구름 속을 지나면서 물방울들이 비행기 몸체에 부딪히고, 빠르게 흐르면서 다른 물방울들과 합쳐져 커진 거야."

"네, 정말 크네요! 이 물방울들이 땅으로 떨어질까요?"

비가 내리는 과정

1  구름을 이루고 있는 물방울들.

2  구름 속 공기의 움직임에 따라 물방울들이 서로 부딪치다가 합쳐져요.

3 그래서 큰 물방울들이 돼요.

4  물방울들이 서로 합쳐지면서 더 커지고 더 무거워져서 떨어지기 시작해요.
그게 바로 비예요!

구름 속
물방울들이
서로 부딪쳐
합쳐지고
점점 커지고
무거워지면
비가 돼 내려요.

"지금 크기가 꽤 커졌으니, 비행기에서 떨어지면 그럴 거야."

"멋져요! 그러면 비행기가 비를 만든 셈이네요!"

"맞아. 비행기가 구름 속을 지나면서 비를 만든 거라고 할 수 있지."

"비가 만들어지는 과정이 생각보다 복잡하지 않네요. 어느 정도 크기가 되는 물방울이 만들어지면 비가 내리는 거였어요."

"그렇지, 바로 그거란다."

"그럼 모든 구름에서 비가 내릴 수 있겠네요?"

"아니란다. 모든 구름이 비를 뿌리지는 않아. 높은 곳에 있는 구름은 얼음 알갱이로 이루어져 있어 서로 잘 합쳐지지 않지. 또한 밀도가 낮은 구름(구름을 이루고 있는 물방울이 빽빽하지 않을 때)은 물방울들이 서로 충돌하지 않아 비가 내리기 어렵단다."

"그럼, 비를 내릴 수 있는 구름은 어떻게 알 수 있나요?"

"구름의 종류와 상태에 따라 다르지. 적운형 구름은 강한 비를 내릴 수 있고, 층운형 구름은 보통 약한 비를 내린단다. 구름을 잘 살펴보면 비를 내릴 가능성이 있는 구름인지 예상할 수 있어."

"가능성이라고요? 그럼 확실히 알 수는 없는 거군요?"

"그래, 사실 확실히 알 수는 없어. 날씨에 관한 모든 것은 장담하기가 어렵단다."

"이상해요. 할아버지는 기상학자인데, 날씨를 확실히 모른다고 하시다니요. 저는 일기 예보가 매우 과학적인 줄 알았어요."

"그렇게 생각할 수 있지. '기상학은 정확성은 떨어지지만 가장 예술적인 형태의 과학'이라는 말이 있단다. 날씨와 일기 예보는 과학을 바탕으로 하지만, 인간의 연구와 예측이 반드시 필요한 학문이지."

"인간의 연구라니, 멋있어요!"

"그렇지? 과학적이지 않은 부분도 있을 수 있지만, 일기 예보는 확실한 지식을 전달하는 게 아니라 가능성을 보여 주는 것이란다."

"어떤 의미죠?"

"간단한 예를 들어 주마. 내가 이 종이를 1미터 높이에서 떨어뜨리면 어떻게 될 것 같니?"

"바닥에 떨어지겠죠."

"그래, 그렇겠지. 그런데 이 종이를 여러 장 떨어뜨린다고 상상해 봐. 모두가 똑같은 자리에 떨어지지는 않겠지?"

"네, 서로 가까운 곳에 떨어지긴 하겠지만, 완전히 같은 자리는 아닐 거예요."

"그렇지. 그런데 컴퓨터가 이 종이들이 어디에 떨어질지 정확히 예측할 수 있을까?"

"잘 모르겠어요. 컴퓨터니까 할 수 있을 것 같기도 하고요."

"컴퓨터가 굉장하기는 하지. 하지만 이 세상에서 가장 강력한 슈퍼컴퓨터도 이 종이들이 정확히 어디로 떨어질지는 예측할 수 없단다. 그저 어느 범위 내에 떨어질 가능성만 알려 줄 수 있을 뿐이야. 날씨도 마찬가지란다. 내일 리스본에 비가 올 예보가 있어도 정확히 아홉 시에 올지 열 시에 올지, 정확히 이 지역에만 올지 다른 지역에도 올지는 알 수 없단다."

"이제 알겠어요, 할아버지. 기상학은 알면 알수록 신비롭네요."

"그렇단다, 아르테미시아. 그래서 우리는 항상 열린 마음으로 배우고 예측하면서도, 자연의 변화를 겸손하게 받아들여야 한단다."

눈과 우박은 어떻게 다른가요?

"아까 비 이야기를 할 때 우박이 생각났어요. 할아버지가 얼음 알갱이는 잘 뭉쳐지지 않는다고 하셨잖아요."

"눈도 떠올랐겠지. 기니비사우에서는 눈을 본 적이 없겠구나."

"한 번도 못 봤어요! 거기가 얼마나 더운데요."

더운 나라에도 우박이 내려요!

"그렇지. 하지만 우박은 더운 지역에도 내릴 수 있단다."
"그래요? 이상하네요. 우박은 얼음 아닌가요?"
"그래, 얼음에도 여러 종류가 있어. 눈과 우박은 얼음의 종류가 다르단다. 눈은 '얼음 결정체'란다. 한 얼음 알갱이가 다른 얼음 알갱이와 몸통 전체가 아닌 끝부분만 연결돼서 조금씩 조금씩 자수를 놓듯 아름다운 모양을 만들어 가지. 혹시 옷 장식에 쓰이는 레이스를 자세히 본 적 있니? 레이스를 보면 실이 채워진 부분보다 구멍이 더 많잖니. 모양이 규칙적이면서 아름답고 아주 가볍지. 이런 얼음의 종류가 얼음 결정체이고, 눈꽃이라고도 부른단다."

얼음 알갱이들의
끝부분이 서로 연결돼서
눈 이 만들어져요!

우박은 냉동고에서
얼린 얼음 조각과 똑같아요!

"눈꽃이라는 이름이 참 예쁘네요."

"그렇지. 또 다른 얼음의 종류로 '얼음 비결정체'가 있는데, 일정한 형태가 없다는 뜻이야. 우리가 흔히 알고 있는 냉동고에서 얼린 일반적인 얼음 조각이지. 이러한 얼음 비결정체는 작은 얼음 알갱이들이 서로 엉겨 붙어 있어서 아주 단단하고 무겁지. 우박이 바로 이런 얼음이란다. 얼음 비결정체를 비유해 보자면, 네가 레이스의 실을 다 풀어서 돌돌 감으면 레이스일 때보다 훨씬 단단하고 밀도 높은 공 모양이 되겠지."

"눈싸움할 때 만드는 눈 뭉치처럼 말인가요?"

"맞아! 물론 우박은 더 단단하지만."

"어떨 때 눈이 되고, 어떨 때 우박이 되는 건가요?"

"먼저 눈이 만들어지려면 공기의 움직임이 적고 기온이 영하 상태에 있는 구름이 필요해. 그래야 얼음 알갱이끼리 평화롭게 결정을 만들면서 커질 수 있거든. 눈이 만들어지는 과정은 상당히 느리고 섬세하단다. 여기서 중요한 건 눈은 먼저 만들어진 얼음 알갱이에 다른 얼음 알갱이들이 합쳐진다는 거야. 그런 다음 지상으로 떨어질 때는 빗방울과 똑같은 과정을 거친단다. 구름 속 공기가 붙잡을 수 없을 정도로 눈송이가 무거워지면 아래로 떨어지지. 그리고 눈이 만들어지려면 차가운 공기가 아주 많이 필요하단다. 하지만 기니비사우나 유럽의 여름철에는 찬 공기가 별로 없어서 눈을 찾아보기 힘들지. 눈은 일단 한번 내리기 시작하면 넓은 범위의 지역에 내리는 경우가 많단다."

"그럼 우박은요?"

"우박은 눈처럼 얼음 알갱이들이 합쳐지는 게 아니라 물이 얼어붙으면서 만들어진단다. 그래서 냉동고에서 얼린 얼음과 비슷한 거지. 공기의 움직임이 매우 활발한 구름을 생각해 보렴. 구름 속 공기와 물방울들이 세탁기를 작동시켰을 때처럼 오르락내리락하면서 서로 이리저리 충돌한단다. 그러다가 구름 아래쪽에 있던 물방울이 구름 위쪽으로 올라가 기온이 영하인 부분에 들어서면 순

우박이 되는 빗방울 이야기

❶ 공기의 움직임이 활발한 구름 속에서 이리저리 이동을 해요.

❷ 이동 중에 기온이 영하인 윗부분으로 올라가요. 거기서 얼어붙어 얼음 알갱이가 돼요.

❸ 이번에는 물방울과 충돌하면서 얼음 알갱이에 물이 젖어요.

④ 다시 기온이 영하인 윗부분으로 올라가면 표면에 젖은 물이 얼어요. 그렇게 오르락내리락하면서 조금씩 얼음 막이 더해지고 점점 커져요.

⑤ 그러다가 너무 무거워지면 빗방울처럼 구름 아래로 떨어지죠.

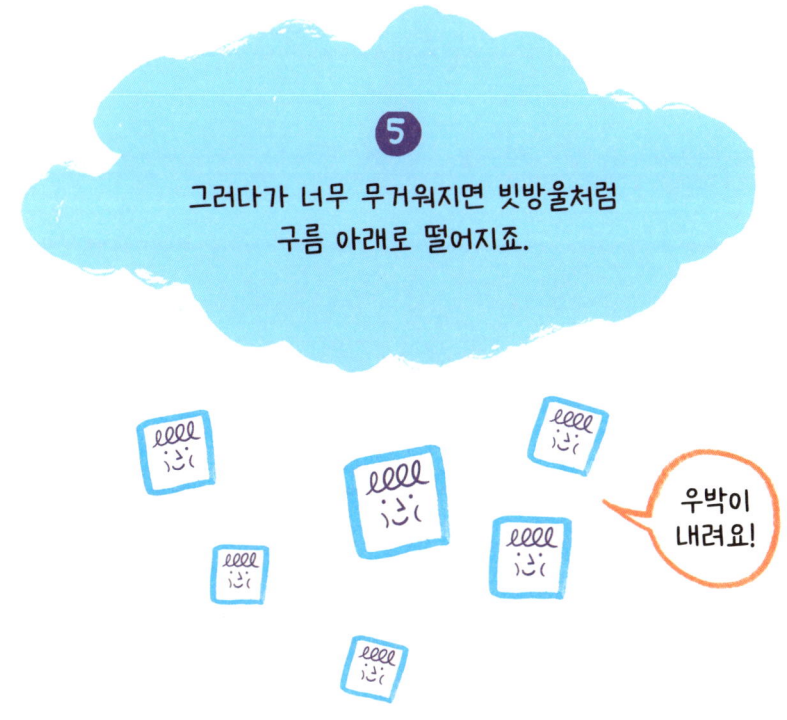

우박이 내려요!

눈은 얼음 알갱이에 다른
얼음 알갱이들이 합쳐져서 만들어져요.
우박은 물이 얼어붙으면서 만들어져요.

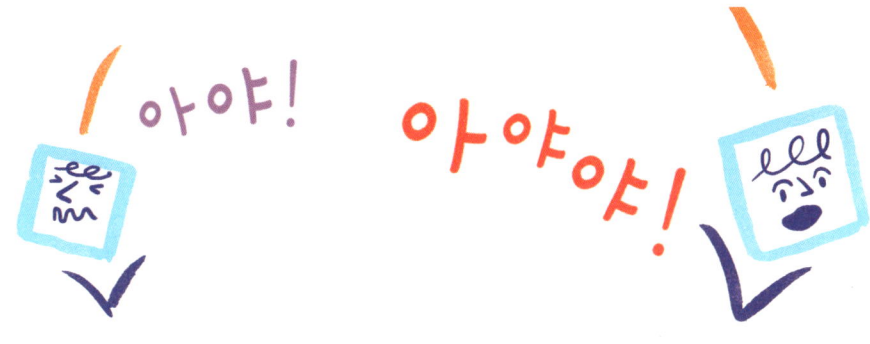

식간에 얼어붙어 아주 작은 얼음 알갱이가 된단다. 이 얼음 알갱이가 다시 구름 아래쪽으로 내려와 물방울만 있는 부분으로 들어서면 물방울에 부딪쳐 적셔지고, 그 상태로 다시 위로 올라가면 겉에 묻은 물도 얼어서 한 겹 더 씌워지지. 그렇게 얼음 막이 추가되면서 점점 커다란 얼음 덩어리가 되는 거야."

"우박은 여러 겹으로 겹쳐진 파이처럼 만들어지네요?"

"양파 같다고도 할 수 있지. 양파도 얇은 막이 층층이 겹쳐 있잖니. 구름 속 공기가 강할수록 우박 알갱이는 더 오랫동안 구름 속에서 버티게 되고 크기도 계속 커진단다. 그만큼 피해도 크겠지."

"우박은 무서운 거군요. 그런데요, 할아버지. 아까 우박은 더운 지역에도 내릴 수 있다고 하셨잖아요. 왜 그런가요?"

"강한 상승 기류만 있으면 기온이 높은 아프리카에도 우박이 내

릴 수 있단다. 하늘 높이 떠 있는 적운이 영하의 기온이면 우박이 만들어질 수 있거든. 그래서 보통 우박은 적운 크기 만큼 좁은 지역에만 내리고, 구름이 움직이면 그 길을 따라서 다른 지역으로 이동하기도 하지."

"흥미진진한 이야기네요!"

"아직 끝나지 않았단다. 이슬과 서리 이야기도 해 주고 싶지만, 그건 다음에 하자꾸나. 이제 거의 다 도착한 것 같으니 말이다."

우리 비행기는 어느새 리스본 상공에 도착해 있었어요. 비행기는 활주로에 착륙했고, 리스본 공항에서 간단히 입국 수속을 마친 후 호텔에 도착했지요.

그런데 비가 오지 않네요. 리스본에 비가 올 거라고 손녀에게 말해 줬는데 말이에요. 다행히 아르테미시아는 아무 말도 없네요. 일기 예보가 완벽하게 정확할 수 없다고 한 말을 이해한 걸까요? 오늘 하루는 정말 길었어요. 내일 기니비사우의 비사우로 가는 비행기가 오후에 출발하니 오전에는 여유로울 것 같아요. 대서양과 맞닿은 눈부신 연안 도시를 돌아다녀야겠네요.

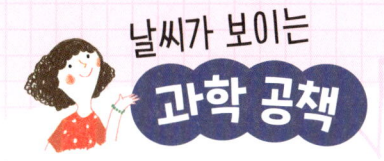

날씨가 보이는 과학 공책

구름을 만드는 응결핵은 무엇인가요?

    수증기가 응결된 작은 물방울들이 모여 구름을 이루어요. 이때 수증기를 끌어당겨 물방울들이 서로 뭉치도록 도와주는 아주 작은 알갱이를 '응결핵'이라고 해요. '인공 강우' 기술은 이 응결핵을 이용해요. 구름에 응결핵 역할을 하는 아이오딘화은, 드라이아이스, 염화칼슘 등을 뿌리면 주변의 물방울들을 끌어들여서 물방울이 점점 커지면서 비가 오게 되지요.

    공기가 깨끗하면 수증기가 잘 응결되지 않지만, 공기가 오염된 곳에서는 먼지나 매연이 응결핵이 돼 안개가 잘 껴요. 이런 안개에는 오염 물질이 섞여 뿌옇기 때문에 연기(smoke)와 안개(fog)라는 두 단어를 합쳐 '스모그(smog)'라고 불러요.

공기 속의 먼지와 수증기가 짝을 이뤄 안개를 만들어요.

비가 오는 도시에서

돌고 도는 물

아침이 되니 호텔 창문 밖이 구름과 안개로 가득했어요. 비도 내리고 있었지요. 기상학자로서 날씨 예측이 맞아떨어져서 기분이 좋았어요. 아르테미시아는 비가 와도 아무 불평 없이 우비와 장화를 챙겼지요.

"준비됐어요, 할아버지. 어디로 갈까요?"

"먼저 아침을 먹고, 시내나 항구 쪽으로 가 보자꾸나."

"좋아요! 저는 리스본이 참 좋아요. 할아버지도 좋아하시잖아요. 그런데 왜 이곳을 좋아하세요?"

"여기는 공기가 특별해. 비행기에서 내리면 이곳만의 습한 냄새와 함께 바다가 바로 느껴지거든."

우리는 전차를 타고 알파마로 갔어요. 산타루치아 교회 전망대에서 타호강을 바라봤지요. 비가 점점 굵어져 강 건너편 다리가 잘 보이지 않았지만, 비 오는 타호강은 나름 멋졌어요.

"비가 참 많이 오네요. 전 비 오는 게 싫지 않아요. 게다가 춥지도 않고요."

"다행이구나."

"할아버지, 비가 오면 모든 빗물이 바다로 가는 거죠?"

"일부는 땅속으로 흡수되고, 나머지는 강을 타고 바다로 흘러간단다."

"그런데 그 많은 물이 다 흘러 들어가는데, 왜 바다는 욕조처럼 가득 채워지지 않는 거죠? 게다가 비가 많이 올 때는 정말 엄청나게 많이 오잖아요. 비는 어디서 오는 건가요? 할아버지가 설명해 주셔서 이제는 비가 구름에서 내린다는 것도 알고, 어떻게 만들어지는지도 알아요. 그런데 구름에 있는 물은 없어지지 않나요? 언젠가는 구름을 이루는 물이 다 떨어지지 않을까요?"

"질문이 끊임없이 이어지는구나! 생각이 꼬리에 꼬리를 물고 연결되는 건 좋은 거란다. 자, 그 답은 바로 네 눈앞에 있단다."

"여기요? 지금 있는 건 비와 도시, 강물뿐인데요……."

"그 강물이 어디로 갈까?"

"바다로 가죠. 그럼 바다에서 물이 다시 '출발'한다는 건가요?"

"맞아! 모든 것이 바다로 가고, 다시 바다에서 출발하지. 그게 바로 '물의 순환'이란다."

"물의 순환! 학교에서 들어 본 적은 있지만, 이해가 잘 되지 않았어요. 그런데 이제 조금 알 것 같아요."

"정리하자면, 물은 바다에서 출발해 증발하고 응결해서 구름이 되고, 비가 돼 다시 바다로 돌아간단다. 이것이 바로 물의 순환이란다."

"왜 바다가 욕조처럼 가득 차지 않느냐는 질문에 대한 답도 물의 순환에 있었네요."

"그래, 엄청난 양의 물이 바다로 들어가고 엄청난 양이 증발해서 빠져나가기 때문에 바닷물이 넘치지 않는 거야. 그런데 물의 순환에 대해 조금 더 알아야 할 부분이 있단다."

"어떤 건가요?"

"이번에는 네가 직접 생각해 볼래? 일단 항구 쪽으로 걸어가면서 생각을 정리해 보렴."

항구로 가는 길은 멀지 않았고, 아르테미시아는 생각에 잠긴 듯했지요. 비는 계속 내렸어요. 이 비가 아르테미시아가 생각을 정리하는 데 도움이 된 것 같네요. 잠시 후, 우리는 부두 근처에 도착했고, 타호강 하구를 돌 수 있는 보트를 찾았어요.

"할아버지, 우리 어디로 갈 건가요?"

"보트를 타고 강을 한 바퀴 돌아보자꾸나."

"좋아요!"

우리는 막 출발하려는 보트를 타고, 선실 밖에 자리를 잡았어요.

"할아버지, 아까 물의 순환에 대해 알아야 할 부분이 있다고 하셨잖아요."

"그래, 말해 보렴."

"어제 비행기에서 그러셨잖아요. 구름이 점점 커지는 건 그 안에 응결되는 수증기가 있는 거라고요."

"그랬지."

"바닷물이 수증기로 증발된다고 하셨고요."

"그래."

"그런데 누가 수증기를 하늘로 올려 보내서 구름을 만들게 하나요? 물은 왜 증발되는 거죠? 할아버지, 혹시 제 질문이 너무 바보

물은 액체, 기체, 고체 등
여러 형태로 변하면서 하늘과 땅,
강과 바다를 끊임없이 돌고 돌아요.

같은가요?"

"전혀 바보 같지 않아! 물이 있는 곳이라면 반드시 증발 현상이 일어난단다. 예를 들어 보자꾸나. 물이 가득 찬 냄비를 떠올려 보렴. 냄비 속 물이 증발해 수증기가 되기도 하고, 수증기 중 일부는 다시 물로 돌아오기도 해. 일종의 '교환'이 이루어지지. 이 냄비를 방 안에 두고 몇 달이 지나면 물이 다 증발될 거야. 하지만 냄비를 불 위에 올려놓고 끓이면 30분쯤 후에 물이 모두 수증기가 되겠지."

"전에 할머니가 가스불을 켜 놓고 깜빡 잊으셔서 냄비 속 물이 다 날아가고, 냄비 바닥을 태운 적이 있어요!"

"상상이 되는구나. 왜 그렇게 됐는지 아니? 물을 가열하면서 자연 상태에서 이루어지던 교환 작용을 변화시켰기 때문이란다. 열을 가하면, 그것도 가스불처럼 높은 열을 가하면, 수증기에서 물이 되는 과정을 거치는 물의 양보다 수증기가 되는 물의 양이 훨씬 더 많아지거든."

"이해했어요. 물이 사라질 때마다 수증기가 되는데, 주변 환경이 뜨거우면 더 빨리 수증기가 된다는 거죠? 빨래를 건조할 때 햇볕이 있으면 빨리 마르는 것도 같은 이유고요."

"아주 적절한 예구나. 빨래는 햇볕 뿐만 아니라 바람이 있으면 더 빨리 마르지."

"케레는 햇볕도 잘 들고 바람도 자주 불어요. 그러고 보니 정말 바람이 불면 빨래가 더 빨리 마르더라고요."

"그렇단다. 공기가 이동하면서 햇볕의 열기와 함께 물이 훨씬 더 빨리 증발하지. 햇볕과 바람을 잘 기억해 두렴."

"그렇다면! 햇볕과 바람이 바닷물을 증발시키는 거군요."

"맞아."

"그래서 바다가 가득 채워지지도, 완전히 비워지지도 않는 거군요."

"정확하구나."

그사이 보트는 우리를 강 위에서 리스본을 바라볼 수 있는 멋진 곳으로 데려갔어요.

"할아버지, 강물이 바다로 빠르게 흘러가는 것 같아요. 빗물이 강이 돼 바다로 흘러가는데, 그에 비해 증발은 천천히 진행되는 것 같아요."

"네 말이 맞다. 하지만 모든 빗물이 같은 자리에서 증발된 건 아니란다. 여기 리스본에 내리는 빗방울도 바다 건너편에서 증발한 수증기로 만들어졌을 수 있단다."

"맙소사, 긴 여행을 하고 온 거군요!"

"그래, 수없이 반복되는 긴 여행을 했겠지."

"그러게요. 순환을 하니까요! 지금 제 손바닥 위에 있는 빗방울

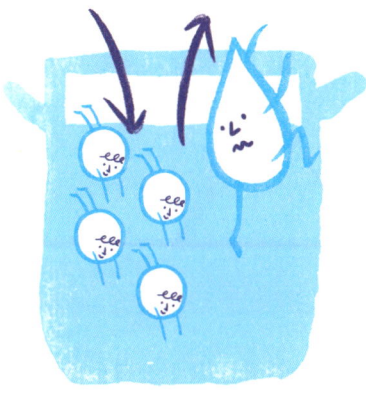

자연 상태에서는
서로 교환이 이루어져요.

열을 가하면 수증기가 되는
물 분자가 더 많고,
다시 물이 되는 분자는
별로 없어요.

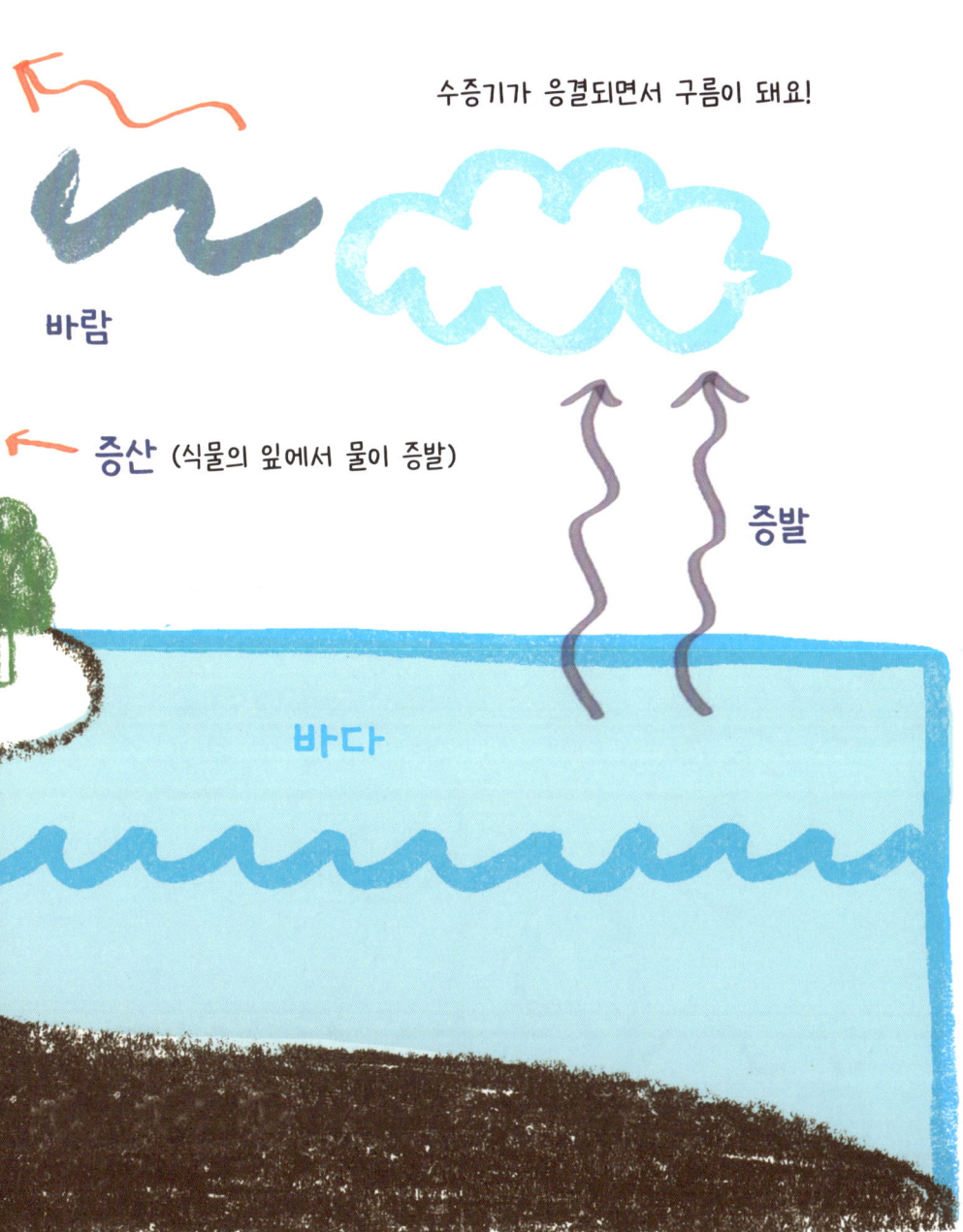

은 몇 번이나 증발하고 응결했을까요?"

"물은 언제나 같은 물이야. 겉으로는 사라진 것처럼 보이지만, 사실은 형태만 바뀌었을 뿐이지. 네 손에 있는 물방울도 땅에 떨어져 지하수가 되고, 샘을 통해 다시 나와 사용될 거야. 물방울의 여행이 끝나는 데는 수백 년이 걸릴 수도 있단다."

"수백 년이나요?"

"그래, 아니면 여기서 증발해 바다 위 멋진 구름이 될 수도 있지. 그리고 내가 먼 훗날 리스본에 다시 왔을 때 내 손바닥 위로 떨어질지도 몰라."

"정말 멋진 여행이네요! 안녕, 물방울아. 그럼 이 물방울과 제가 처음 만난 게 아닐 수도 있겠네요?"

"그럴 가능성은 아주 낮지만, 누가 알겠니. 그 물방울이 네가 어릴 때 네 몸을 적셨을 수도 있고, 내가 어렸을 때 그 물에서 수영했을 수도 있지. 혹시 탐험가 콜럼버스나 로마의 황제 율리우스의 몸을 스쳤던 물방울일지도 모르지."

"물방울이 말을 할 줄 안다면 정말 물어보고 싶네요."

"그렇구나. 아마도 수없이 많은 여행담을 들려주겠지!"

이슬은 물, **서리**는 얼음

"그런데요, 할아버지. 어제 이슬 이야기를 꺼내셨잖아요. 이슬이 빗물과 똑같은 건가요? 제 눈에는 둘이 똑같아 보이거든요."

"아니, 이슬은 빗물과 다르단다. 이슬도 물방울이기는 하지만 하늘에서 떨어진 게 아니잖니. 빗물과 똑같은 모양이지만, 만들어지는 과정이 다르단다. 빗물이 어떻게 만들어지는지에 대해서는 아주 잘 알고 있지? 이슬은 잎이나 자동차 지붕, 혹은 보트 덮개처럼 표면이 '차가운' 곳에 생기는데, 이런 표면과 접촉한 공기가 차가워지면서 수증기가 응결돼 아주 작은 물방울이 되는 거란다."

"그렇군요."

"아름다운 빗방울 하나가 만들어지려면 구름 속에서 움직이는 공기처럼 물방울을 움직이게 하는 것이 있어야 하잖니. 하지만 이슬은 바람이 불면 만들어지지 않는단다."

"왜 그렇죠?"

"응결이 일어날 때까지 차가워지려면 공기가 차가운 표면과 닿아 있는 상태로 어느 정도 머물러 있어야 하기 때문이란다. 그런데

이슬은 수증기가 차가운 곳에
응결돼 생긴 물방울이에요.
빗방울과 똑같이 생겼지만,
하늘이 아닌 땅에서 만들어져요.

서리는 수증기가 땅에
얼어붙은 거예요.
수증기가 액체 상태의 물이라는
과정을 건너뛰고 곧바로 얼음이
된 것이지요.

바람이 공기를 계속 휩쓸어 가 버리면 필요한 만큼 차가워질 수가 없지."

"정말 신기하네요. 아, 그럼 아주 추울 때는 이슬이 서리가 되나요?"

"너무 쉽게 생각하는구나. 서리는 처음 만들어질 때부터 서리, 즉 얼음이란다."

"하지만 할아버지가 말씀해 주신 그 '과정' 말이에요, 수증기에서 물이 되고, 물에서 얼음이 된다고 하셨잖아요."

"그래. 하지만 특별한 조건에서는 그 과정을 '건너뛰고' 수증기가 곧바로 얼음이 되기도 한단다. 서리가 바로 그런 경우지. 이렇게 기체에서 고체로 변화하는 과정을 '승화'라고 하는데, 조금 이상해 보이겠지만 고체에서 기체가 되는 반대 과정도 똑같이 '승화'라고 부른단다."

"승화라고요?"

"잠깐만, 아무래도 승화라는 과정이 너를 당황하게 만든 것 같구나. 그렇다면 예를 들어 주마. 혹시 '드라이아이스'라는 것 본 적 있니? 이산화탄소로 만들어진 얼음인데, 액체 상태를 거치지 않고 곧바로 기체가 된단다. 보통 냉동식품을 보관할 때나 무대 위에서 안개 효과를 낼 때 쓰인단다. 옷장 속에 넣고 방취제나 방충제로 쓰이는 '나프탈렌'을 예로 들 수도 있겠구나. 나프탈렌은 작은 공

모양으로 별로 좋지 않은 냄새를 풍기는데, 시간이 지나면서 점점 작아지다가 어느 날 흔적도 없이 사라지지. 이것도 고체에서 곧바로 기체가 된 거란다!"

"그렇군요! 이젠 알 것 같아요. 아, 저기 보세요, 선착장에 곧 도착해요."

보트 여행을 마치고 내리는 동안 구름 사이로 희미하게 햇살이 비추기 시작하더군요. 우리는 호텔로 돌아와서 각자의 손가방을 챙겼어요. 큰 가방은 어제 곧바로 비사우행 비행기에 실렸지요. 아마 무사히 비사우까지 운반될 거예요. 가끔 엉뚱한 비행기에 짐이 실리는 경우도 있지만 일주일 정도 기다리면 되찾을 수 있지요. 우리의 가방이나 빗방울이 말을 할 줄 안다면, 정말 할 말이 많을 것 같네요.

우리는 보트에서 사진을 찍고 있어요!

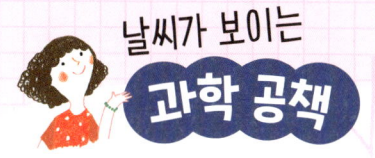

지구에는 물이 얼마나 있나요?

　우주에서 지구가 푸르게 보이는 이유는 지구 표면의 70퍼센트가 '물'로 덮여 있기 때문이에요. 물은 지구에서 고체, 액체, 기체의 상태로 존재해요. 액체 상태의 물은 바다와 강, 지하수로 흐르고, 생물의 생명 유지에 필수적이에요. 고체 상태의 물은 빙하, 얼음, 눈이며, 기체 상태는 수증기예요.

　지구의 물 중 97퍼센트는 바닷물이고, 나머지 3퍼센트는 땅에 있는 물이에요. 그중 2퍼센트는 빙하로 묶여 있어, 우리가 쓸 수 있는 물은 1퍼센트밖에 되지 않아요. 그래서 물을 소중히 아껴 써야 해요.

날씨따라 남쪽으로

기압과 날씨의 관계

우리는 다시 비행기에 탔어요. 유럽에서 기니비사우로 가는 항공편은 항상 사람이 많은데, 이번에는 한산하네요.

"제시간에 출발할까요, 할아버지?"

"그럴 것 같구나. 비행기의 문은 벌써 닫혔어. 저녁 식사 시간이면 비사우에 도착할 거야."

"네 시간이나 가야 하네요. 너무 오래 걸려요."

"아인슈타인이 이렇게 말했단다. '예쁜 소녀와 함께 있는 한 시간은 1분처럼 느껴지지만, 뜨거운 난로 위에 앉아 있는 1분은 한 시간보다 더 길게 느껴진다'고. 나는 혼자가 아니니까 금방 갈 것 같구나."

"할아버지, 우리 함께 시간이 빨리 흐르게 할 방법을 찾아봐요."

"뭘 하면 좋을까?"

"이야기를 하면 어떨까요? 구름 이야기도 마무리가 되지 않았잖아요."

"그래, 수증기가 어떻게 하늘 위로 올라가 구름이 되는지 궁금하

다고 했었나?"

"네, 어떻게 올라가는 거예요?"

우리가 이야기를 나누는 동안 비행기가 이륙했어요. 비사우까지는 3,000킬로미터가 넘는 거리를 가야 하지요. 나는 시간은 잊고 손녀와 대화하기로 했어요.

"그럼 대기 속 공기의 '파도'로 다시 들어가 보자꾸나. 높은 공기와 낮은 공기에 대해 이야기했던 것 기억나니?"

"물론이죠. '파도의 높은 부분은 고기압, 낮은 부분은 저기압!' 이건 기억하기도 쉬워요."

"잘했어. 이번에는 축구의 도움을 좀 받아 보자꾸나."

"축구요?"

"그래, 축구 경기 말이다. 축구 경기장에서 관중이 '파도타기'를 하는 걸 본 적 있지?"

"파도타기요? 사람들이 차례대로 일어섰다가 다시 앉는 거요?"

"그렇지. 사람들이 서 있을 때를 파도의 높은 부분이라고 생각할 수 있겠지?"

"네, 앉아 있을 때는 낮은 부분이고요."

"여기서 기억해야 할 점이 있지. 파도는 이동하지만 사람들은 그렇지 않다는 거야."

"그렇군요!"

파도의 높은 부분

"서 있던 사람들(고기압)은 앉고, 앉아 있던 사람들(저기압)은 일어나지. 이 상황을 대기와 비교하면, 고기압이 있는 곳에서는 공기가 내려가고, 저기압이 있는 곳에서는 올라간단다."

"뭐…… 네. 간단해 보이네요. 그리고요?"

"공기가 상승하면 수증기를 가지고 올라가는 거야. 알겠니?"

"네, 그렇겠죠."

"다음은 공기가 상승할 때 어떤 일이 일어나는지 알아볼 차례야."

"머리가 복잡하지만 기억해 볼게요. 공기가 상승하는 곳은 기압이 낮죠."

"맞아. 공기가 상승하면 팽창한단다."

"팽창한다고요? 그러니까 공기가 부풀어 커진다는 거죠?"

"그래. 공처럼 부푼다고 생각하면 돼. 혹시 자전거 바퀴에 바람을 넣어 본 적 있니?"

"그럼요. 그런데 그게 왜요?"

"바람을 넣는 동안 펌프에서 열이 나는 걸 느꼈을 거야. 그건 공기를 압축할 때 열이 생기기 때문이지."

"항상 그런 거예요?"

"그렇단다. 공기를 압축하면 열이 생긴단다. 그리고 공기를 확산시키면 반대되는 현상이 일어나지."

"차가워지나요?"

"맞아, 냉각된단다."

"잠깐만요. 한꺼번에 정리를 좀 해야겠어요. 할아버지가 저기압인 곳에서는 공기가 상승해서 팽창된다고 하셨잖아요. 그러면 공기가 냉각되는군요. 공기가 냉각이 되면 추우니까 수증기가 액체 상태의 물방울로 응결이 되고, 그래서 구름이 생겨요. 반대로 열을 가하면 물방울을 수증기 상태로 되돌리고 그렇게 되면 구름이 사라지죠."

"그렇지! 그걸 기압과 날씨의 관계로 정리해 보자꾸나. 저기압일 때는 공기가 위로 올라가고 공기가 팽창해서 기온이 내려가지. 그러면 수증기가 응결돼 구름이 만들어진단다. 그래서 저기압일 때

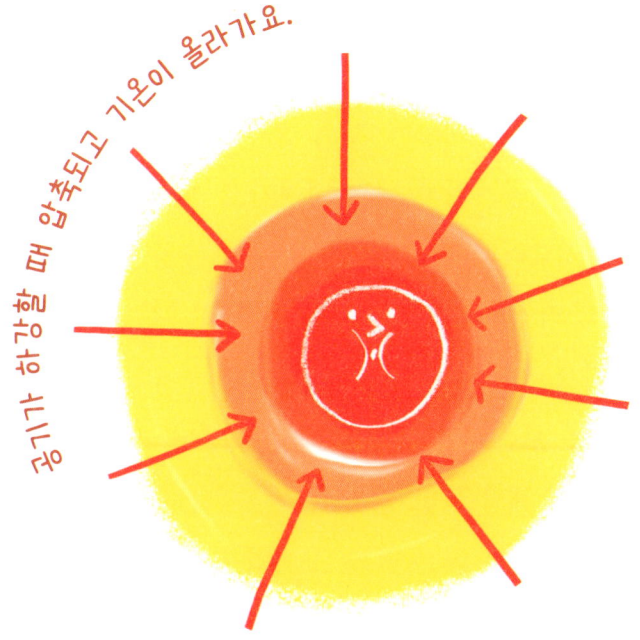
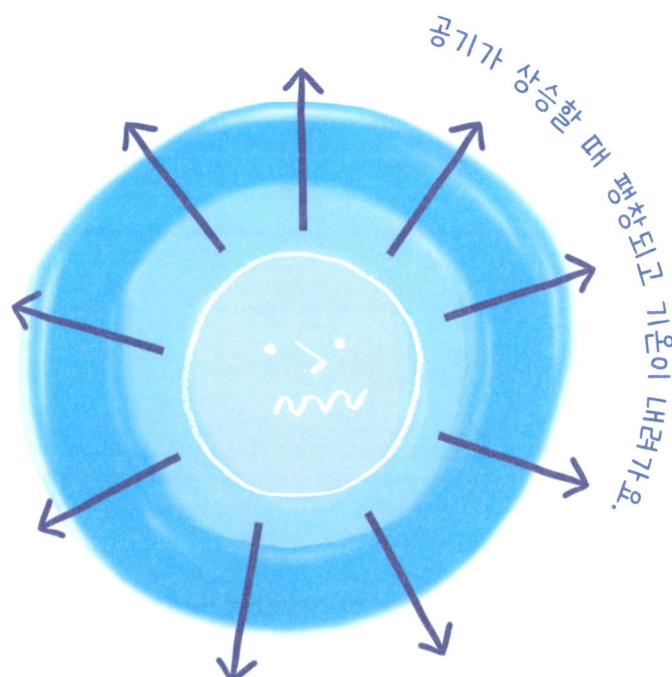

는 구름이 생겨 날씨가 흐려지고 비가 오는 거란다. 그렇다면 고기압일 때는 어떨까?"

"고기압일 때는 공기가 아래로 내려가고 공기가 압축돼서 기온이 올라가겠죠? 그러면 열 때문에 물방울이 수증기가 되려고 하면서 구름은 사라지겠네요. 그러니까 고기압일 때는 구름이 없어서 맑은 날씨겠지요. 맞나요?"

"맞아! 이렇듯 모든 현상은 서로 연결된단다. 서로 연결해서 생각하다 보면 결국 해답을 찾게 되지."

"그렇군요. 저기압은 궂은 날씨, 고기압은 화창한 날씨인 까닭을 이제 잘 알겠어요."

"궂은 날씨에 대한 재미있는 이야기를 해 주마. 친한 기상학자끼리 모여서 비가 오는 날씨를 '궂은 날씨'라고 표현해야 하는지 토론한 적이 있단다. 비를 부정적인 것으로 생각해서 '궂다'라는 좋지 않은 표현을 쓰는 것인데, 사람마다 생각이 다르고, 좋고 나쁘다는 기준도 서로 다를 수 있지."

"하지만 할아버지와 저는 비를 좋아하잖아요. 그냥 비가 오는 날씨라고 말하면 되지 않나요?"

"똑똑하구나! 우리는 비가 오면 궂은 날씨라는 표현 대신 비 오는 날씨라고 부르자꾸나."

"좋아요."

① 저기압일 때 공기가 수증기를 가지고 올라가요.

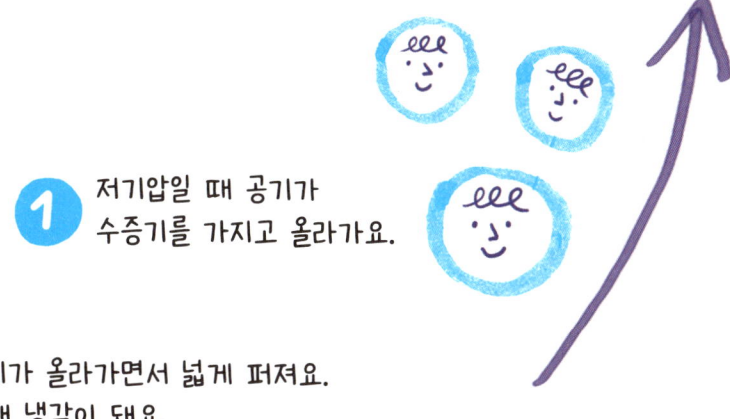

② 공기가 올라가면서 넓게 퍼져요. 이때 냉각이 돼요.

③ 냉각이 되면서 수증기가 응결돼 수많은 물방울이 만들어져요. = 구름이죠!

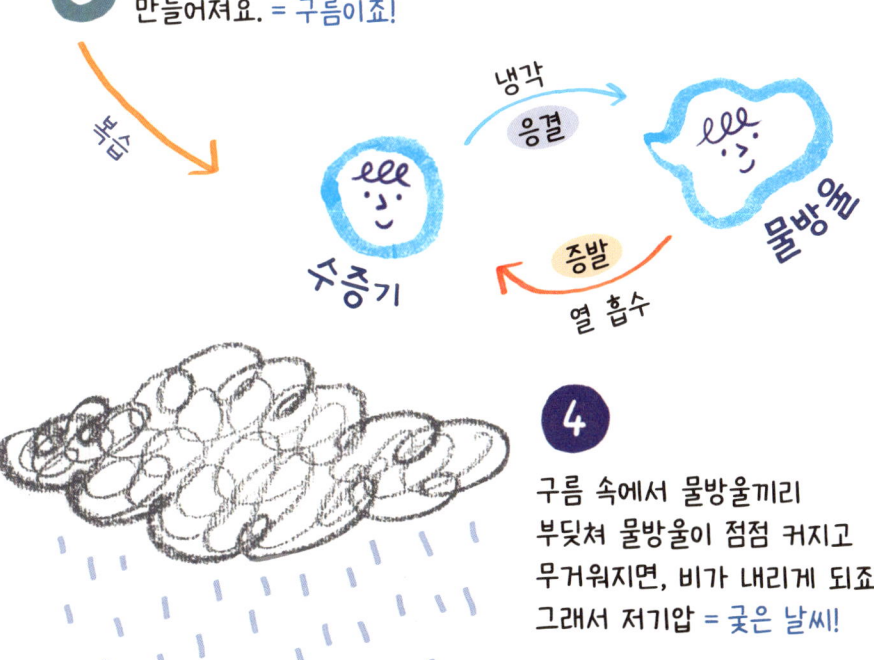

④ 구름 속에서 물방울끼리 부딪쳐 물방울이 점점 커지고 무거워지면, 비가 내리게 되죠! 그래서 저기압 = 궂은 날씨!

저기압일 때 기온이 내려가서
수증기가 **응결**해 구름이 생겨요.
고기압일 때 기온이 올라가서
물방울이 **증발**돼 구름이 사라져요.

"그건 그렇고 이제 조금 쉬는 게 어떻겠니?"

"저는 공책에 적어 놓은 것을 다시 한번 살펴볼래요."

"뭐 네가 지겹지 않다면야……."

"지겹지 않아요. 처음부터 다시 한번 들여다보면 훨씬 더 쉬워 보일 것 같아요."

"당연하지."

아르테미시아는 구름 속 모험에 완전히 빠져든 것 같았어요. 원래 아르테미시아는 호기심이 한번 발동하면 깊이 파고드는데, 그런 점이 참 기특해요.

그사이 살짝 잠이 들었다가 눈을 떠 보니 아르테미시아는 여전히 공책을 읽고 있었어요.

"일어나셨어요, 할아버지?"

"그래, 공부는 잘돼 가니?"

"네, 그런 것 같아요. 할아버지가 말씀하신 그대로예요. 서로 잘 연결되니까 모든 것이 간단해졌어요. 적어 놓은 것을 다시 읽어 보기를 잘했어요. 이제 잊지 않고 다 기억할 수 있어요."

"분명히 그럴 거야."

지구 온난화와 기후 변화

"한 가지 더 여쭤 보고 싶은 게 있어요. 학교에서 배운 적이 있긴 한데……."

"말해 보렴."

"온실 효과에 관한 건데요, 기후가 변화하고 있다고 들었어요. 제가 사는 비사우는 항상 덥고 비는 여름에만 오지만, 이탈리아는 겨울에 춥고 여름에는 덥고 비는 어느 계절에나 내리잖아요."

"방금 네가 말한 게 바로 '기후'란다. 기후는 특정 지역에서 오랜 시간 동안 반복되는 날씨의 평균 상태를 말하지."

"그렇군요. 그런데 그런 기후를 변화시키는 게 온실 효과라고 하던데요. 온실 효과는 나쁜 건가요?"

"온실 효과 자체는 좋은 거란다. 온실 효과가 없다면 지구에서 생명체가 살아갈 수 없으니까."

"정말요?"

"그래, 그런데 왜 온실 효과라고 부르는지 아니?"

"사실 온실이 뭔지 정확히 모르겠어요. 비사우에서는 한 번도 보지 못했거든요."

"비사우는 항상 따뜻해서 온실이 필요 없지. 온실은 농작물을 따뜻하게 유지할 때 쓰이거든. 온실은 벽과 지붕이 유리나 투명한 플라스틱으로 돼 있는 작은 집이란다. 햇빛이 투명한 지붕과 벽을 통과해 들어와서 온실 안의 땅을 가열하지. 빛이 열로 변하는 거라고 말할 수 있겠구나. 열은 빛과 달리 유리나 플라스틱을 통과하지 못해 온실 안에 그대로 남아서 따뜻하게 해 주는 거란다."

"그럼 열기를 잡아 두는 덫이라고 할 수 있겠네요!"

"그렇지, 온실이 있으면 한겨울에도 식물이 잘 자랄 수 있단다."

"그런데 온실과 기후는 어떤 관련이 있나요?"

"지구의 대기는 온실의 벽과 지붕 같은 작용을 한단다. 대기를 통과한 햇빛이 지표면을 가열하는데, 그 열이 대기 때문에 우주로 빠져나가지 못하는 거지. 물론 전부 다는 아니지만 말이야."

"그럼 지구가 거대한 온실인 거예요?"

"맞아, 그렇게 대기가 지구를 따뜻하게 유지해 주는 거지. 달에는 대기가 없어서 온실 효과도 없어. 그래서 낮에는 달의 표면 온도가 100도가 넘고 밤에는 영하 150도 이하까지 떨어지지"

"세상에! 달에서는 살기 어렵겠네요. 그런데 왜 사람들이 온실 효과를 안 좋게 보는 거죠?"

"온실 효과 자체는 문제가 되지 않아. 너무 지나친 게 문제지. 대기 중에는 열을 흡수해서 지구 밖으로 나가지 못하게 해 주는 '온실가스'가 있단다. 그런데 지금 이 온실가스들이 지나치게 많아져서 대기 내부에 열을 너무 많이 붙잡아 두게 되었단다. 그 결과 지구의 기온이 높아지고 있지."

"적당한 온실 효과는 좋지만, 지나치면 좋지 않군요."

"그렇지!"

"그럼, 온실 효과가 어떻게 기후를 바꾸나요?"

"지구의 기온이 높아지면, 기후도 영향을 받지. 기후는 아주 복잡한 시스템이야. 작은 바퀴들이 맞물려 돌아가는 시계를 떠올려 보렴. 그중 몇 개를 바꾸면 과연 시계가 제대로 작동할까? 기온 변화가 너무 크면 예전과 완전히 다르게 작용할 수 있단다. 어떤 지역은 더 추워지고, 어떤 지역은 더 더워질 수 있지. 어떤 곳에서는 예전보다 비가 훨씬 더 많이 내릴 수 있고, 어떤 곳에서는 너무 적게 내릴 수 있어. 또, 평균 기온이 올라가면 남극의 빙하와 그린란드의 빙하가 녹아서 해수면이 상승할 수도 있지."

"맙소사, 할아버지! 그런 이야기를 들으니 무서워요. 제가 좋아

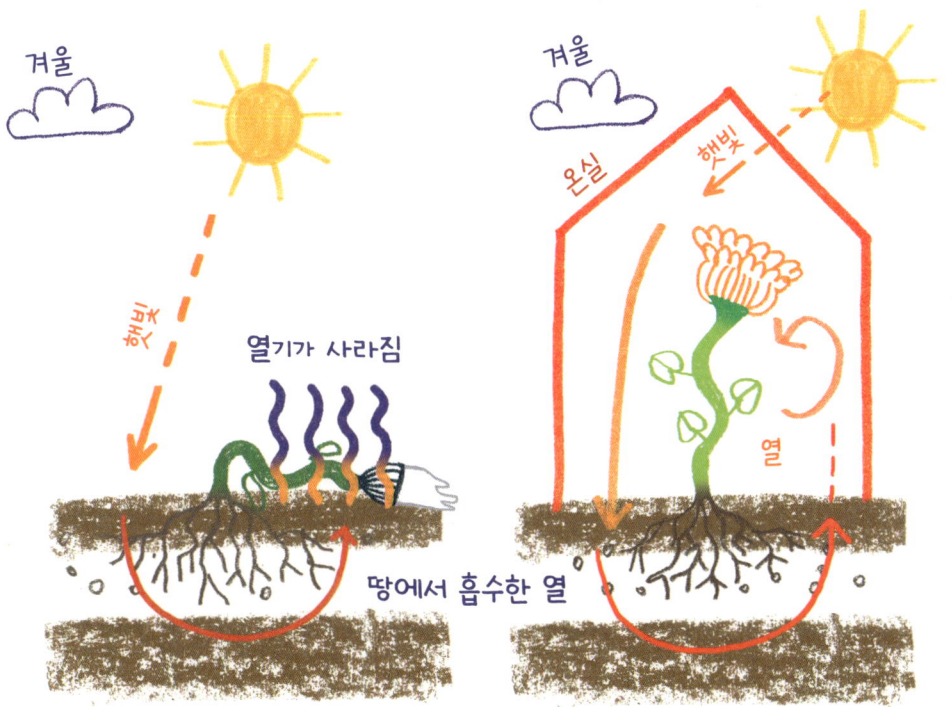

하는 섬, 케레는 지대가 무척 낮은데요."

"실제로 케레도 침수 위험 지역이 될 수 있단다. 이런 일들이 내일 당장 일어나지는 않겠지만, 가능성이 있기 때문에 무시할 수는 없지. 너희처럼 미래를 짊어질 어린이들을 위해서 절대 그냥 지나치면 안 되는 문제란다. '자연은 부모에게 물려받은 것이 아니라 자식들에게 빌린 것이다!'라는 멋진 말이 있지."

"그러니까 그 말은……."

"지금의 어른들은 자식들에게 자연을 돌려줘야 하니까 되도록 좋은 상태를 유지해야 한다는 뜻이지."

"그런데 대기 중에 온실가스가 왜 그렇게 많은 거예요?"

"온실 효과의 주범은 이산화탄소인데, 이산화탄소 자체가 나쁜 게 아니란다. 문제는 각종 석유 제품과 석탄 같은 연료들이지. 이 연료들을 많이 사용하면서 대기 중에 이산화탄소가 많이 배출되었단다."

"그럼 우리가 해야 할 일은 무엇인가요?"

"간단히 말하면, 오염을 덜 시키면 돼. 하지만 그게 참 어려운 일이지. 우리 둘만 오염을 줄인다고 해서 해결될 일이 아니거든. 환경 오염은 아주 큰 문제란다. 공장과 교통수단, 생활 습관 등도 문제지."

"비행기도 환경을 오염시키는 건가요?"

환경 오염으로 지구가 점점
뜨거워지고 있어요.
기후 변화는 생태계의 균형을
무너뜨릴 수 있어요.

자연은 부모에게
물려받은 것이 아니라
자식들에게
빌린 것이다

"물론이지. 하지만 지금 우리가 비행기에 타고 있다고 해서 죄책감을 갖지는 마렴. 오염을 줄이려고 세상을 멈출 수는 없어. 그렇게 되면 그것도 큰 재앙이 될 테니까 말이야. 그 대신 우리가 할 수 있는 일을 더 많이 하면 되지."

"오염 문제를 듣고 전 조금 무서워졌어요."

"걱정을 해야지, 무서워하면 안 돼. 무서워하면 아무것도 못 하게 되거든. 걱정은 우리를 자극하고, 어떤 일이든 시도하고 도전하고 실천하게 만들지. 실천이야말로 우리가 해야 할 숙제란다."

"저도 제가 할 수 있는 일을 찾아야겠어요."

"넌 이미 하고 있단다. 예를 들면, 넌 물이 부족한 아프리카에서 살다 보니 물을 아끼는 습관이 몸에 배어 있어. 그건 환경을 보호하는 아주 좋은 습관이란다. 사람들은 물이 영원히 마르지 않을 것처럼 펑펑 쓰고 있는데, 결국 물이 부족해지면 사람도 지구도 망가지게 될 거야. 마찬가지로 기후 변화도 별일 아닌 일로 생각하면 안 돼. 기후 변화는 지구의 일부를 더 이상 사용할 수 없는 땅으로 바꿔 놓을 수 있지. 너무 덥거나 너무 추운 곳으로 말이야. 그러니까 우리 모두 조금 더 주의를 기울이고 약간의 희생이 뒤따르더라도 지금 사용하고 있는 것들을 걱정하고 아끼고 보호해야 한단다."

"잘 알겠어요, 할아버지."

미래의 기상학자 에게

"이제 거의 다 왔구나."

"그런데 할아버지, 기상학자는 날씨를 어떻게 예측하나요?"

나는 아르테미시아가 이 질문을 가장 마지막에 할 거라 예측하고 있었어요. 일기 예보를 하는 게 쉽지, 날씨를 예상하는 과정을 간단명료하게 설명하는 게 훨씬 더 어려워요. 사실 자주 받는 질문이기도 하지요.

"최대한 쉽게 설명해 주마. 예전에는 일기 예보 대부분의 업무를 기상학자가 도맡았단다. 기상학자는 체스 경기를 예상하는 것처럼 날씨의 변화를 예측했지. 예를 들어 체스 경기 초기 상황(=현재의 날씨 상황)을 보고 한쪽 경기자가 어떤 말을 어떻게 움직일지, 상대편 경기자는 거기에 어떻게 대응할지를 생각해 보는 거야. 그러고서 양쪽 경기자가 열 수 정도 두고 난 후에 체스판의 상황이 어떻게 흘러갈지 상상하는 거지. 이 상황이 기상학자가 예상한 닷새 후 정도의 일기 예보라고 할 수 있어."

"어렵네요."

"일기 예보는 반드시 전문 기상학자가 해야 한단다. 기상학에 대한 전문 지식과 잘 예측할 수 있는 통찰력을 가지고 있어야 최대한 정확하게 계산할 수 있거든."

"그럼 요즘은 어떤데요?"

"요즘은 컴퓨터가 대부분의 계산을 한단다. 기온, 기압, 바람의 방향, 바람의 속도, 비의 양 등 날씨에 대한 모든 자료와 정보를 컴퓨터에게 미리 '가르쳐' 주지."

"저한테 말해 주신 것들을 모두 컴퓨터에 입력하시는 거예요?"

"훨씬 더 많지. 그런 자료들을 숫자나 기호와 같은 컴퓨터 용어로 입력한단다. 한 가지 더 말해 주마. 계산이 아주 빠른 데다가 지치지도 않는 슈퍼컴퓨터가 모든 날씨 정보를 통해 예상 일기도를 미리 만들 수 있단다. 체스로 비유하자면, 경기자들의 경기를 연구하는 것과 같은 거라고 생각하면 될 거야. 공격을 주로 하거나 방어에 힘을 쏟는 등 경기자마다 다른 방식으로 체스를 두잖니. 그 다양한 방식을 계산해서 미리 예상해 보는 거지."

"슈퍼컴퓨터라니! 그럼 컴퓨터가 비가 오거나 날이 추울 거라고 말해 주는 건가요?"

"컴퓨터는 지금부터 닷새 후까지 예상 일기도를 그림이나 사진으로 보여 준단다. 그럼 컴퓨터의 예상을 보면서 분석하는 것은 기상학자의 몫이지. 고기압과 저기압이 어디로 이동할지, 바람이 있을지 없을지, 그 바람이 아주 차가운 바람을 몰고 올지 아주 뜨거운 바람을 몰고 올지, 앞으로 만들어질 구름이 층운형인지 적운형인지, 그리고 비가 약하게 내릴지 퍼부을지, 태풍이 오지는 않을지 등을 파악해야 돼. 어쨌든 사람과 기계가 함께해야 하는 것이지. 우리가 병이 났을 때를 생각해 보렴. 온갖 검사를 다 받고 나서 의사 선생님이 검사 결과를 본 후에 진찰을 해서 우리가 어디가 어떻게 아픈지 알아내잖니? 검사만으로는 병을 알아낼 수 없고, 의사 선생님도 기계를 이용한 검사 결과가 없으면 병을 치료하기 훨씬 더 어려워지겠지."

"그렇군요, 이제 확실히 알겠어요. 그래서 가끔 일기 예보가 틀릴 때도 있군요."

"물론이지, 틀릴 수 있어. 하지만 그렇게 멀지 않은 날짜의 예보를 할 때는 오차가 아주 작은 편이란다. 예를 들어 우리가 리스본에 도착했을 때는 비가 안 왔지만 그다음 날 아침에는 비가 왔지. 그러니까 비가 올 거라는 내 예상은 몇 시간 정도만 틀린 거야. 그런데 오늘 내가 일주일 뒤의 리스본 날씨를 예측하면 하루나 이틀 정도의 오차가 생길 수 있겠지. 하지만 이 정도의 오차는 아주 큰 거야. 왜냐하면 하루하루의 날씨가 중요하거든."

"맞아요. 일기 예보에서 오늘 비가 온다고 했는데 이틀 뒤에 비가 오면, 쓸데없이 우산을 들고 나간 게 되니까요!"

컴퓨터가 모든 날씨 정보를 통해 예상 일기도를 만들고, 기상학자가 컴퓨터의 예상을 분석해요.

"바로 그거야! 우리가 기후 변화에 대해서도 이야기했잖니? 그런데 기후가 변하면 또 한 가지 문제가 생긴단다. 바로 컴퓨터에 문제가 생기는 건데, 지금까지는 우리가 컴퓨터에 '현재'의 날씨와 기후를 가르쳐 놓았고 항상 수학적으로 정확하게 계산을 해서 꽤 만족스러운 답을 얻어 왔단다. 그런데 이상 기후가 발생하면서 지난 30년 동안 컴퓨터에게 가르친 그 모든 것이 쓸모없게 될 수도 있단다. 만약 기후가 변했는데 컴퓨터를 그대로 사용한다면, 컴퓨터에게 체스 두는 법을 가르쳐 놓고 컴퓨터가 전혀 모르는 게임을 하려는 것과 같지."

"그럼 정말 큰일이겠네요."

"맞아! 그러니까 가엾은 우리 지구를 너무 심하게 괴롭히지 말아야 하지 않겠니."

이제 비행기가 비사우를 향해 천천히 내려가네요. 비행기가 완

전히 멈춘 다음 비행기에서 내릴 차례를 기다리는데, 아르테미시아가 내 손을 꼭 잡았어요.

"할아버지, 가르쳐 주신 것들 모두 감사해요. 그런데요, 나중에 기억이 안 나는 게 있거나 어떻게 해야 하는지 잘 모를 때는 어떡하죠? 그때는 할아버지가 멀리 계실 텐데요."

"아르테미시아, 전화를 해도 되고, 화상 통화를 해도 되고, 이메일을 쓸 수도 있잖니."

"그래도 직접 듣는 거랑은 다르죠."

"정말 궁금한 게 생기면 내가 비행기를 타고 이리로 오마!"

"와, 그럼 좋겠네요!"

"이러면 어떻겠니? 나에게 배운 내용을 동생 다프너에게도 알려 주렴. 아주 간단하고 쉽게 말하면서 날씨에 대해 잘 이해하고 정리하게 될 거야. 너무 선생님처럼 딱딱하게 굴지는 말고!"

이렇게 말은 했지만, 아르테미시아가 다프너를 가르치다가 답답하다고 목소리를 높일까 봐 살짝 걱정이 되네요. 다프너는 이제 겨우 일곱 살이거든요! 그래도 나는 아르테미시아가 '미래의 기상학자'로서 아주 잘 해낼 거라 믿어요.

 드디어 우리는 비행기에서 내려 공항을 향해 걸었어요. 가족이 우리를 기다리고 있었지요. 특히 다프너는 언니를 보고 아주 반가워하며 달려왔어요.

 이제 모두 함께 집으로 갈 시간이에요. 비사우는 여느 때와 '다름없이' 무척 덥네요. 이 날씨와 기후가 그대로이길 바라요.

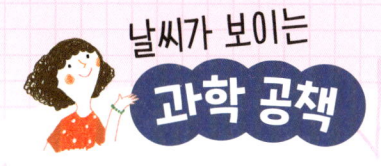

극지방의 얼음이 녹으면 어떻게 될까요?

　북극은 바다로만 이루어져 있고, 북극의 얼음은 바다 위를 떠다니는 거예요. 그래서 북극의 얼음이 녹아도 해수면은 높아지지 않아요. 간단한 실험으로 이해할 수 있어요. 컵에 얼음을 넣고 물을 가득 채운 뒤에 얼음이 녹을 때까지 기다려 봐요. 얼음이 녹아도 물은 넘치지 않아요. 왜냐하면 물컵에 떠 있던 얼음이 녹아 물이 되면 물에 잠겨 있던 얼음 부분만 채워지기 때문이에요.
　하지만 남극과 그린란드의 빙하는 땅 위에 있는 얼음이에요. 이 얼음들이 녹아서 바다로 흘러가면 해수면이 높아질 거예요.

부록

우리나라의 날씨와 기후를 알려 드립니다!

우리나라의 계절별 날씨는 어떠한가요?

아주 넓은 육지나 해양에서, 공기가 오래 머물거나 느리게 이동하면 넓은 지역에 걸쳐 같은 성질을 가진 공기 덩어리가 만들어져요. 이 공기 덩어리가 '기단'이에요. 우리나라는 계절에 따라 성질이 다른 기단의 영향을 받아요.

 서쪽 육지에서 이동해 오는 기단의 영향으로 따뜻하고 건조한 날씨가 나타나요. 꽃샘추위가 오기도 하고, 중국과 몽골의 사막에서 모래와 먼지가 날아와 황사 현상이 생겨요.

 남쪽 바다에서 이동해 오는 기단의 영향으로 덥고 습한 날씨가 나타나요. 초여름에는 차가운 바다에서 이동해 오는 기단과 따뜻한 바다에서 이동해 오는 기단이 만나 비가 자주 내리는 장마가 나타나고, 장마가 끝나면 기온과 습도가 높아져 무더위가 찾아와요.

 서쪽 육지에서 이동해 오는 기단의 영향으로 맑고 건조한 날씨가 나타나요. 여름보다 선선해지고, 낮과 밤의 기온 차이가 커져요.

 북쪽 육지에서 이동해 오는 기단의 영향으로 춥고 건조한 날씨가 나타나요. 바람이 세게 불고, 눈이 내리기도 해요.

계절에 따라 무엇이 달라지나요?

태양의 남중고도
태양은 남쪽 하늘에 있을 때 고도가 가장 높고, 태양이 남쪽 하늘 중앙에 하루 중 가장 높이 떠 있을 때의 고도가 남중고도예요. 태양의 남중 고도는 여름에 가장 높고, 겨울에 가장 낮아요.

낮의 길이
낮의 길이는 여름에 길고, 겨울에 짧아요. 낮의 길이는 태양의 남중 고도와 관계가 있어요. 1년 중 낮의 길이가 가장 긴 날인 '하지'에 태양의 남중 고도가 가장 높아요. 1년 중 낮의 길이가 가장 짧은 날인 '동지'에 태양의 남중 고도가 가장 낮아요.

기온
지표면은 태양의 남중 고도에 따라 데워지는 정도가 달라요. 여름에는 태양의 남중 고도가 높아서 지표면이 더 많이 데워지고 기온이 높아져요. 겨울에는 태양의 남중 고도가 낮아서 지표면이 적게 데워지고 기온이 낮아져요.

계절이 변하는 까닭은 무엇인가요?

지구는 자전축을 중심으로 하루에 한 바퀴씩 돌고(자전), 태양을 중심으로 1년에 한 바퀴씩 돌아요(공전). 지구의 자전축이 공전 궤도면에 대해 기울어진 채 태양 주위를 돌면, 지구의 위치에 따라 태양의 남중 고도가 달라져요. 그에 따라 낮의 길이와 기온도 달라져서 계절이 변하는 거예요.

기후가 점점 변하고 있다고요?

지구는 해마다 조금씩 기온이 높아지는 온난화 현상을 겪고 있어요. 우리나라는 사계절이 뚜렷하다는 기후적 특징을 가지고 있는데, 평균 기온이 높아지면서 여름이 길어지고 겨울이 짧아지고 있어요. 여름철에는 극심한 더위와 집중 호우 등 큰 피해를 주는 날씨가 잦아졌고, 가을철에 강한 태풍이 찾아오고 있으며, 겨울철에는 가장 추워야 할 절기인 소한과 대한에 영상 날씨를 보이는 경우가 늘어나고 있어요.

기후 변화는 우리 생활에 어떤 영향을 줄까요?

　기후 변화는 생태계에 커다란 영향을 미쳐요. 산림이 줄어들고 해수 온도가 올라가고 해수면이 높아지는 등 서식지 환경이 변하거나 파괴되면서 적응하지 못하고 멸종돼 가는 생물 종이 늘어나고 있어요. 또한 이상 기후로 홍수와 가뭄의 피해가 잦아져서 농작물 생산량이 줄어들고 있어서, 식량 문제로 이어질 수 있지요. 생태계를 지키기 위해 기후 변화에 관심을 가지고 환경 보호 활동을 실천해야 해요.

찾아보기

ㄱ

가을 118
건조하다 42
겨울 118
계절별 날씨 118
계절의 변화 120
고기압 16, 25, 26, 91, 94
고막 15
고체 39, 42, 43, 82~85
공기 8~10, 14~16, 19, 25~27,
　　　91~95, 118
공전 120
구름 11~13, 38~47, 92, 94, 95
기단 118
기상학 24, 53~55
기상학자 108~112
기압 14~17, 19, 25~27, 89~96
기체 39, 42~43, 82~85
기후 98
기후 변화 98~107, 112, 121

ㄴ

나프탈렌 83, 84
날씨 24, 92~95
남중고도 119
낮의 길이 119
눈 56~59

ㄷ

동지 119
드라이아이스 65, 83

ㅁ

마찰 31, 35
물의 상태 39, 42, 43
물의 순환 71~77
밀도 10, 53, 58

ㅂ

바람 25~27
번개 28~35
벼락 33~35
봄 118
비 48~53
빛의 속력 29, 30
빙하 85, 115

ㅅ

서리 82, 83
소리의 속력 29, 30
수증기 39~46, 65, 72~77, 80~83
　　　91~95
스모그 65
습하다 42
승화 83, 84

아이오딘화은 65
안개 11~13, 65
압력 14~16, 19
압축 92~94
액체 39, 42, 85
얼음 39, 42, 43, 57~63, 82, 83, 115
얼음 결정체 57
얼음 비결정체 58
여름 118
염화칼슘 65
온실가스 100, 102, 103
온실 효과 98~103
우박 56~64
융해 42, 43
응결 42~46, 65, 77, 80, 81
응결핵 65
응고 42, 43
이산화탄소 83, 102
이슬 80, 81
인공 강우 65
일기 예보 54, 55, 108~110
입김 41, 44, 46

자전 120
장마 118
저기압 16, 25, 26, 91~94
적운형 구름 46, 47, 53, 64
정전기 31, 35
증발 42~44, 71~77
증산 77
지구 온난화 98~107, 120

천둥 28~31, 35
층운형 구름 46, 47, 53

태양 8~10, 103, 119

팽창 91~93

하지 119
해수면 101, 115
황사 118

그린이 일라리아 파치올리 Ilaria Faccioli

그래픽 디자이너이자 일러스트레이터예요. 펠트리넬리, 엘르 매거진 등 여러 출판사의 도서와 잡지에 그림을 그렸어요.

옮긴이 김현주

한국외국어대학교 이탈리아어과를 졸업하고, 이탈리아 페루지아 국립대학과 피렌체 국립대학 언어 과정을 마쳤어요. EBS의 교육방송 일요시네마 및 세계 명화를 번역하고 있으며, 현재 번역 에이전시 하니브릿지에서 출판기획 및 전문 번역가로 활동하고 있어요.

감수·추천 서울과학교사모임

학교에서 아이들을 가르치면서 연구와 소통의 필요성을 느끼던 교사들이 1896년부터 물리, 화학, 지구과학, 생물 교과 모임을 만들면서 과학교사모임이 시작되었어요. 1991년부터는 각 교과 영역을 통합하여 전국과학교사모임을 운영하고 있어요. 그중 서울과학교사모임은 서울·경기 지역 과학 교사들이 모여 교과 내용 재구성, 학습 방법 연구, 실험 및 학습 자료 개발 등을 하며 그 연구 결과물은 전국과학교사모임과 공유해요.

기상학자는 내일 날씨를 어떻게 알 수 있을까?

개정판 1쇄 2025년 4월 15일 | 개정판 2쇄 2025년 10월 5일

글쓴이 파올로 소토코로나 | **그린이** 일라리아 파치올리 | **옮긴이** 김현주 | **감수·추천** 서울과학교사모임
펴낸곳 책속물고기 | **출판등록** 제2021-000002호
주소 서울특별시 영등포구 양평로 157, 1112호
전화 02-322-9239(영업) 02-322-9240(편집) | **팩스** 02-322-9243
전자우편 bookinfish@naver.com | **카페** http://cafe.naver.com/bookinfish
인스타그램 @bookinfish | **콘텐츠 프로바이더** 와이루틴

ISBN 979-11-6327-177-2 73450

※ 이 책의 내용을 쓰고자 할 때는 저작권자와 출판사 양측의 허락을 받아야 합니다.
※ 잘못된 책은 바꾸어 드립니다.
※ 값은 뒤표지에 있습니다.

 품명 아동 도서 | **제조일** 2025년 10월 5일 | **사용연령** 10세 이상 | **제조자** 책속물고기 | **제조국** 대한민국
연락처 02-322-9239 | **주소** 서울특별시 영등포구 양평로 157, 1112호
주의사항 ⊙ 종이에 베이거나 긁히지 않도록 조심하세요. ⊙ 책 모서리가 날카로우니 던지거나 떨어뜨리지 마세요.
KC마크는 이 제품이 공통안전기준에 적합하였음을 의미합니다.

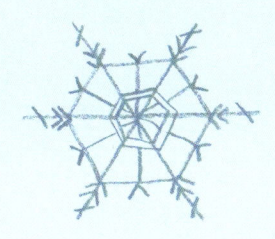

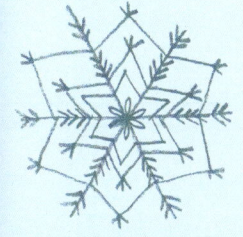
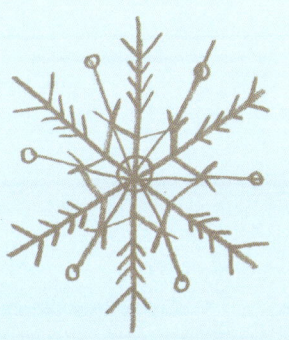

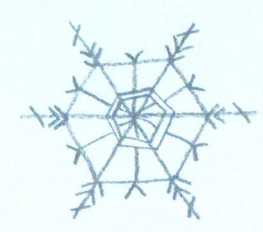
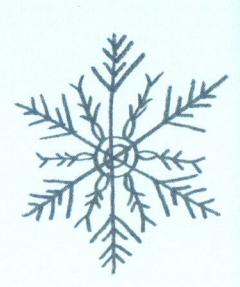

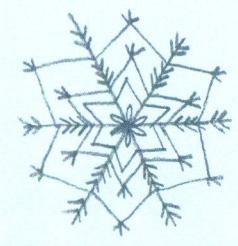
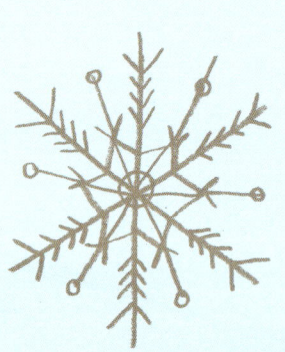